その後の**5年間で借金を全額返済し、数億円の資産と毎月数百万円の収入を得て、いまでは働かなくても悠々自適の暮らしができる**くらい裕福になりました。

つまり、お金に関して天国と地獄の両方を経験している特異な銀行員だということです。

この両極端の人生を体験したことにより、サラリーマンは金融知識だけではお金持ちになれないことを、身をもって知ることになりました。

では、どうすれば裕福になれるのか？

それをお話しするには、まずは私たちが信じ込まされてきた**「お金にまつわるウソ」**を話さなければなりません。

私たちは小さいころから、将来お金で苦労しないように「我慢してお金を貯《た》めなさい」と親から教えられ、大人になってからは「金融商品を買ってお金を増やしなさい」と銀行などから教わって生きています。

でもじつは、これらがすべて根も葉もない真っ赤なウソだとしたら？

# CONTENTS

# PREFACE

英語学習において，語彙の習得はどうしても避けられない道です。英検に合格するためにも，かなりの語彙力を身につけなければならないことも事実です。
しかし「覚えては忘れる」の繰り返しで，時には挫折を
余儀なくされることもあるかもしれません。
では，どうすれば効果的に語彙を覚えられるのか。
編集部で長期にわたる検討を重ねた結果，例文を通して文脈の中で語彙を覚える方法が最善ではないかという結論に至りました。がむしゃらに個々の単熟語を
覚えるのではなく，生きた例文の中から単熟語を覚える—
そんなコンセプトから本書が誕生しました。

本書は，英検１級の一次筆記試験を攻略するための単熟語を中心に扱っています。見出し語句の選定や例文・語句の定義などの作成にあたっては，綿密なデータ分析をもとに，多角的に検討してあります。

Chapter 1では，短文の空所補充問題を解答するのに役立つ単熟語が厳選され，過去に実際に出題されたもの，今後出題が予想されるものに分けて収録してあります。Chapter 2では，過去に出題された長文をトピック別に分け，そのトピックでよく用いられる単熟語と，長文を読むうえで必要な単熟語が同時に習得できるようになっています。なお，Chapter 1既出例文とChapter 2には，1997～2003年の問題を使用しています。

また本書では，なるべく日本語を介在させず，常に英語で考える頭の回路を作っていただく意味でも，例文の日本語訳は巻末にまとめて収録してあります。さらに，別売CDを併用すれば，より効果的に語彙を身につけられるのはもちろんのこと，リスニング対策にもなることでしょう。

最後に，本書を刊行するにあたって，多大なご尽力をいただきました昭和女子大学教授 古澤寛行先生，国際教養大学教授 Kirby Record 先生に深く感謝の意を表します。

その後の**5年間で借金を全額返済し、数億円の資産と毎月数百万円の収入を得て、いまでは働かなくても悠々自適の暮らしができる**くらい裕福になりました。

つまり、お金に関して天国と地獄の両方を経験している特異な銀行員だということです。

この両極端の人生を体験したことにより、サラリーマンは金融知識だけではお金持ちになれないことを、身をもって知ることになりました。

では、どうすれば裕福になれるのか？

それをお話しするには、まずは私たちが信じ込まされてきた**「お金にまつわるウソ」**を話さなければなりません。

私たちは小さいころから、将来お金で苦労しないように「我慢してお金を貯《た》めなさい」と親から教えられ、大人になってからは「金融商品を買ってお金を増やしなさい」と銀行などから教わって生きています。

でもじつは、これらがすべて根も葉もない真っ赤なウソだとしたら？

◉プロローグ
# どんなにお金の知識があっても裕福にはなれない

あなたはいま、将来に不安を感じないくらい裕福ですか？

20年以上も金融業界のど真ん中に身を置いて、私が悟ったことは、どんなにお金の知識があっても裕福にはなれないということでした。だから**「お金のプロ」であるはずの銀行員でさえも将来に不安を感じ、給料をもらうため会社にしがみつきます。**

私は、とあるメガバンクに勤める銀行員ですが、ある事情から普通の銀行員がしないような経験をしています。

20年以上にわたり個人や企業を相手にコンサルティングや資産運用のアドバイスをしてきたのですが、そうした自分の知識とスキルを過信した結果、**株で失敗し借金地獄に陥ってしまい、破産寸前にまで追い込まれた**のです。しかし、

本気でお金持ちをめざす人の
プライベートカンパニー活用術

# とにかく社長を妻にしなさい

超実践編

お金のソムリエ
坂下 仁 Jin Sakashita

サンマーク出版

本来、裕福になるためには、我慢して無理な節約をすることや銀行や証券会社、保険会社がすすめる金融商品を買う必要などありません。それなのに苦しい思いをして節約したり、金融商品を買ったりしてしまうから、いつまで経っても裕福になれないのです。

なぜこのような真っ赤なウソを信じてしまうのか？

それは、私たちが「お金には価値がある」と思って生きているからです。**お金に価値があると思うから、闇雲に節約してしまいます。お金に価値があると思うから、「金融商品を買えばお金を大きく増やせる」と信じてしまう**のです。

でも本当は、お金に価値などありません。お金の上に載っている〝何か〟、お金が映し出している〝何か〟にこそ価値があるのです。

〝何か〟とは「感謝の気持ち」です。つまり、**お金とは感謝の気持ちをわかりやすく数字で見える化したもの**にすぎず、本当に価値があるのはお金が表す「感謝の気持ち」なのです。

だから、お金を大きく増やす方法は1つしかありません。

それは、**人様《ひとさま》や社会の役に立って感謝していただくこと、それ以外にはありえない**のです。

## 妻と私を借金地獄から救ってくれた「妻社長メソッド」

前著『いますぐ妻を社長にしなさい』（以下、『妻社長』）では、お金の本質が「感謝の気持ち」であることに注目しながら、**私自身が実践し、借金地獄のどん底から5年で裕福になれた「妻社長メソッド」**について説明しました。

そもそもサラリーマンは、努力をして必死に働いても裕福にはなれません。

なぜなら、「税制の壁」「給与体系の壁」「就業規則の壁」「転職市場の壁」という4つの大きな壁が存在しているからです。

もし裕福を望むなら、**「自分自身がお金持ちになる」という発想を捨て、「妻**

**をお金持ちにする」という発想に頭を切り替える**必要があります。お金の本質が「感謝の気持ち」であることを考えれば当然でしょう。

具体的には、プライベートカンパニーを作って妻に社長になってもらい、夫婦で副業に取り組みます。あなたはサラリーマンのままでかまいません。

これは、妻には4つの壁が存在しないこと、夫婦の片方が定職に就いているので〝安定〟と〝信用〟が確保できること、女性が自然と身につけている能力が会社経営に向いていること、そして、法人だと恐ろしいくらいの節税が可能になること、以上4つが理由です。

この妻社長メソッドを実践すると、個人並みの身軽さと自由度を持ちつつ、税制面・信用面・資金調達面でサラリーマンよりも遥《はる》かに優遇されている法人ならではのメリットを活かせるようになります。

その結果、**資産を短期間で驚くほど増やせるようになるし、増やした資産を目減りしないようにすることができます。**さらに、**子どもを出資者にすれば、相続税を気にせずに資産を引き継ぐこともできる**ようになるのです。

なお、プライベートカンパニーで取り組む副業のことを、プライベートビジネスと呼びます。世に言う「プチ起業」です。

夫婦で協力しつつも妻が中心となって取り組む副業である点と、お金の本質が感謝の気持ちである点から突き詰めると、失敗しないプライベートビジネスは次の5つの条件を満たしたものになります。

**❶小さな金額から始められること、❷利他的なビジネスであること、❸簡単に学べて再現性があり、片手間で手軽にできること、❹家事の合間にできて、無理なく続けられること、❺他人任せにしないで、妻がコントロールできること。**

これさえ満たせば、インターネットビジネスや個人輸入など、どんな副業でもかまいません。

こうして妻を巻き込んで一緒に学びながらビジネスを続ければ、妻のもとには「感謝の気持ち（お金）」が流れ込んでくる。結果として夫婦・家族が裕福になれる。

これが、前著でお伝えした「サラリーマンでもできる魔法の資産形成術」の概要です。

## 「お金の本質」を説明することで生まれた疑問

お金の本質を理解できない限り、どんなに知識やテクニックを学んでもお金持ちにはなれません。

前著の読者がこのメッセージを真摯に受け止めてくださり、多くの人が真剣に学び始めてくださったことが、私にとって何よりもうれしいことでした。

寄せられた反響の中で最も多かったのは「妻を社長にするという発想が斬新で、目からウロコだった」というもの。そして、「触発されて夫婦で話し合い、妻を社長にするために動き始めた」というものでした。また、「専業主婦から社長に変身し、妻も毎日楽しそうです」といった、すでに実践し始めている方からの声もたくさん届きました。

一方で『妻社長』はお金に関する自己啓発本でしたので、実践方法を書いていません。そのため具体的にイメージがしにくく、「もっと実践的なことを知りたい」という声も数多く寄せられました。

もちろん、お金の本質を理解することが一番大切です。でも、**実際に実践して自分自身が裕福にならなければ、それを実感することができません。**

『妻社長』はその意味で、「じゃあ、具体的にどうすればいいの？」という新たな疑問を生み出すことになってしまったのです。

どうすれば種銭（資金）を貯められるのか？
どうすればプライベートカンパニーを作ることができるのか？
どんなプライベートビジネスをすればいいのか？
どうすれば妻や家族を説得できるのか？

私は、基本的な考え方さえ示せれば、読者自身が自分に合った方法を考えて実践できると思っていたのですが、現実はそこまで甘くはありませんでした。

なぜなら、お金の本質に基づいた実践法を紹介する本やセミナーが他になかったからです。**この世にあふれている本や教材の大半は、「お金に価値がある」ことを前提に、「自分だけがお金持ちになる」ことを目的として作られていた**のでした。


何事も本来は、自分の目で見て体験し、そこから学んで自力で考えることこそが大切です。そのきっかけになればと思い、前著ではあえてお金の本質から解説していきました。サラリーマンがお金持ちになれない社会の仕組みや、十分に活かされていない女性のスキルにも、しっかりとスポットを当てました。

正しい姿を再認識することこそが、一番大切だと思ったからです。

しかし、本質から考えることの大切さもさることながら、「現実にどうするか」という問題は確かに切実です。

**「妻を社長にして副業を手がける以前に、毎日の生活だけで精一杯**でお金を貯めることさえままならない……」

「種銭を貯められたとしても、**具体的にどのような副業をしたらいいのか、イメージもできない」**

**「プライベートカンパニーだって、どうやって作るのかわからない」**

「著者は銀行員だからうまくいったかもしれないが、**普通のサラリーマンが実践することは現実的には難しいのではないか」**

あなたも正直なところ、そう思ったのではないでしょうか？

でもご安心ください。

いままでお金を貯められなかった人でも、無理なく種銭を貯めるコツがあるのです。あなたに合った副業も見つけられるし、誰でもプライベートカンパニーを作れる簡単で便利なサービスもあります。

**銀行員とはいっても、しょせんはサラリーマン**ですから、私だって会社からもらう給料を貯める以上の方法を知りませんでした。結婚当時の私の貯金は、妻の半分。住宅ローンを合わせるとマイナスになったくらいです。

そんなあるとき、メディアが流す「年金も財政も破綻する！」という情報に煽《あお》られて、将来が不安になってしまったのです。焦った私は、借金までして株に全財産をつぎ込み、銀行員として培ったノウハウを駆使した挙げ句に大失敗、多額の借金を抱え込みました。**親の年金で住宅ローンをどうにか支払い、フリーマーケットで買った３００円の衣服で生活しなければならないほど、生活は苦しくなりました。**

そんなマイナスからスタートしたのに、我が家は5年で裕福になれた。それもこれも、お金の本質に基づいた妻社長メソッドを実践したからです。

## 本気で裕福になりたい人のための4ステップ

実際に妻社長メソッドを実践しようとすると、以下の4ステップに分けることができます。

【ステップ❶】妻（家族）を説得する。
【ステップ❷】種銭を貯める。
【ステップ❸】プライベートカンパニーを設立する。
【ステップ❹】プライベートビジネスを始める。

そして、前著を読んだ方々から届いた疑問も、この4つにまつわるものがほとんどだったのです。

そこで本書では、この4ステップを踏まえ、**知識ゼロの人でも妻社長メソッドを実践**していただけるように、より具体的な方法を解説し、みなさんに**〝本気で〟経済的な自由を手に入れていただきます。**

まず最初に、プライベートビジネスの元手となる種銭の捻出方法について第1章で解説します。**ケチケチした節約生活をせず、いまの生活水準を保ちなが**

ら、**種銭を効率的にひねり出すコツ**がわかるでしょう。

次に第2章では、プライベートカンパニーの設立・経営方法を説明します。**難しい法律や会計、税務の知識がなくとも簡単に会社を立ち上げ、経営できるようになる**でしょう。また、誰でもできる決算の仕方や節税方法に至るまで、具体的に学んでいただきます。

第3章では、妻と私が取り組んだ大家業《おおや》を中心に、**失敗しないプライベートビジネスの取り組み方**をお話しします。

そして最後の第4章で、最初のステップ、というよりすべてのステップを通じて大切なことであり、最大の難関でもある、**「いかにして妻や家族を説得し、協力を得るのか」**という疑問にお答えいたします。

さらに、お伝えするのは具体的なノウハウや秘訣《ひけつ》だけではありません。真の狙いは、あなたに経済的に自由になっていただくことなので、そのための工夫を随所に埋め込みました。

まず、ムダ遣いを駆逐する**「消費と浪費のマトリックス」**（43ページ参照）

を用意しました。もし判断に迷ったらこのマトリックスを見てください。

次に、無理なくお金を貯めて増やせる〝道具〟を用意しました。巻頭付録の**「種銭ワークシート」**です。詳しい使い方は80〜81ページに書いてあります。このワークシートがあれば、悩まずに妻社長メソッドを始められるでしょう。

そしてさらに、妻や家族を説得し、巻き込むためのツール**「夢実現シート」**を巻頭付録の裏面に用意しました。260〜261ページに見本が掲載してあるので、ぜひ活用してください。

なお、誤解していただきたくないのですが、妻社長メソッドは既婚の男性サラリーマンにしか使えないというわけではありません。便宜上、既婚の男性サラリーマンを想定読者として話を進めていきますが、独身の方でも、女性でも、もちろん共働きでも使えます。

**あなたが独身、あるいは共働きなのであれば、本書の「妻」を「家族の中で働いていない人（たとえば、ご両親のどちらか）」に置き換えて読んでください。**また、あなたが女性の場合は、「妻」をあなた自身に置き換えて読んでみてください。

実際、私のセミナーに参加した人の中には、奥様も働いていたため、義母に社長になってもらい、プライベートカンパニーを立ち上げた人がいます。

## 5年でお金持ちになれますが、あなたにはその気がありますか？

お金持ち。

この言葉を聞いて、あなたはどう思いますか？

「私には無理」

「望んだところで、そう簡単にはなれない」

そう考える人が多いと思います。

**かつては私もその1人でした。**

しかし、それは勝手な思い込みです。

現に、私は自己破産するしかないと思ってしまうくらいの借金を抱えていたにもかかわらず、本書に書いてある通りのことをやっただけで、たったの5年で資産数億円、月収数百万円を達成し、富裕層への仲間入りを果たしました。

これは私が銀行員だからできたというわけではありません。本当に、誰にでもできることなのです。

**断言しますが、誰でも絶対にお金持ちになれます。**

ただし、それには1つだけ不可欠なものがあります。

それは「実践」です。

私たちは魔法使いではありませんから、念じるだけではお金持ちにはなれません。就職活動をしなければ就職できないのと同じように、お金持ちになるための活動をしなければお金持ちにはなれないのです。

でもそれは、決して難しいことではありません。この本から学んで「なるほど！」と思ったことを、１つでも試してみればいいのです。試すことが「実践」の１歩目になるのですから。

前著がお金の本質に迫った「お金に関する自己啓発書」だとすれば、本書はあなたと家族が実際に裕福になるための**「お金の取扱説明書」**です。トリセツですから、ひと通り目を通して理解した後も、常に手の届くところに保管しておきましょう。

気になることがあったら、放置せずにすぐに参照してください。何度も手に取れば、あなたのやる気も続きます。そして、本書がヨレヨレになるころには、あなたとご家族も経済的に自由になっていることでしょう。

坂下 仁

《とにかく妻を社長にしなさい――目次》

【プロローグ】



【第1章】妻を社長にするための資金作り

## 【第2章】妻が社長を務める会社の作り方

## 【第3章】妻も楽しめるプライベートビジネスの進め方

## 【エピローグ】

●ブックデザイン――穴田淳子（ア・モール・デザインルーム）
●本文DTP・編集協力――株式会社鷗来堂
●編集――小野佑仁（サンマーク出版）

【第1章】

# 妻を社長にするための資金作り

超実践編

# 老後の生活には年金以外に3000万円必要だ

老後に必要な資金は年金の他に3000万円と言われていますが、あなたはそれだけのお金を持っていますか?

そう聞かれて、「はい、持っています」と即答できる人は少ないのではないでしょうか。

でも、ご安心ください。じつは、その程度なら誰にでも貯められます。しかも**生活レベルを落とさずに貯められる秘訣がある**ので、わざわざつらい思いをして節約しなくても大丈夫です。

総務省統計局のデータをもとに試算すると、1世帯当たりの生涯支出は平均2億円程度。そのうち、1~3割にあたる2000万~6000万円が必要ないものに使われています。これに加えてマイホームを新築で買うと、さらに2000万円以上のムダが発生するので、一生のうち少ない人でも2000万円、多い人だと8000万円以上ものムダ遣いをしているのです。

ムダ遣いをしなければ2000万〜8000万円が浮くのですから、その分を余分に貯められるはずです。もちろん、あなたの年齢や収入にもよりますが、給与天引きを使えば、年収の1〜2割は簡単に貯められます。

でもあなたには、この程度で満足してほしくはありません。

本書は『妻社長』の超実践編ですので、**経済的自由の獲得、つまり働かなくても悠々自適な生活ができるくらいのお金持ちになることを目指していただきます。**

その方法についてはこれから詳しくお話ししていきますが、経済的自由になるための最初の1歩として、まずは「種銭」を貯めることが不可欠です。種銭がなければ、プライベートビジネスを始められませんし、プライベートビジネスを始められなければ、「妻社長メソッド」のキモとなるプライベートカンパニーを作っても意味がないからです。

そこで、まずは種銭の貯め方から学びましょう。

# ケチケチ節約生活をせずに2000万円以上貯める3つのコツ

ご存じかもしれませんが、お金の使い方には、大きく分けると「消費」と「浪費」、そして「投資」の3種類があります。

消費は生きるために必要なものを買うことなので必要不可欠です。やっかいなのが浪費。なぜなら、みるみるお金が減ってしまうから。先ほどの2000万〜8000万円のムダ遣いがまさに浪費です。

これとは反対にお金が増える使い方が投資です。したがって、浪費を少なくして投資を増やすことが、経済的自由を獲得するためのポイントになるのですが、言うは易く行うは難しで簡単にはできません。

投資というと、デイトレードやFXなどを思い浮かべるかも知れませんが、これらは投資でも何でもありません。ただの博打《ばくち》です。なぜなら、**数学的に儲《もう》かる確率が50パーセント以下、つまり運次第だということがわかっている**からです。

2006年当時、私はそのことに気づかず、知識と経験を駆使すれば勝率は6割にも7割にもなると信じていました。その後、借金地獄に陥り破産寸前まで追い込まれてしまったわけですが、神様でない限り将来の相場は予測できませんので、いま思うと当然の結果といえます。

ところで、私たちが「お金を使う」と言う場合、「消費」という意味で使っています。生きていくためには衣食住が不可欠なので、消費すること自体は正しい行動です。

しかし、タチが悪いことに、**自分では消費だと思っていることの多くが浪費なのです。**

浪費はお金が目減りする元凶なのでなくしたいところですが、「ある秘密」があってなかなか減らせません。その結果、多くの人が1万円で1000円札を買うようなムダ遣いをするはめに陥っています。

1万円で1000円札を買い続けているのですから、稼いだお金がすぐになくなるのも当然のこと。

「そんなバカなことするわけないだろう！」

そう思うでしょう？

でも、それが現実です。裕福になれない人は、その秘密に気づいていないか、気づいていても見て見ぬ振りをしているだけなのです。その秘密に気づいて事実を直視しないと、生活はいつまで経っても楽にはなりません。

しかし、こうした浪費も「ある秘密」に気づくだけでなくなります。

裏を返すと、**「ある秘密」に気づくとムダ遣いがなくなるので、その分を貯蓄に回し、種銭が作れる**ということになります。

ムダ遣いを減らすというとケチケチした節約生活を思い浮かべるかもしれませんが、じつは必要な出費を切り詰める必要などまったくありません。いままでの生活水準を維持しながら貯められます。

ではどうすれば、生活水準を維持しながら浪費を防ぐことができるのか？
それは、次の3つのポイントを理解して、実践することに尽きます。

❶欲しいものではなく、必要なものを買うこと。
❷価値のない「幻」を買わないこと。
❸固定費を削減し、変動費をコントロールすること。

**この3つを意識して生活することで、私たち夫婦は1年間で300万円もの種銭を貯めて、プライベートビジネスを始めることができました。**

具体的にどうすればよいのかを、この後お話ししますが、この3つをクリアするだけで種銭は作れますので、まずはここに集中しましょう。その上で第2章以降にお話しする手順でプライベートビジネスに取り組んでください。

## 裕福になれないのは「お金の世界の天動説」を信じているから

間違ったお金の使い方をやめられない背景には「ある秘密」がある、とお話ししました。それは、「お金の本質」や「お金の使い方」について、私たちはずっとウソを教えられてきたということ。

結論からお話しすると、**「お金＝価値」だと思っている人は、まんまとだまされてきた人です。**

お金の使い方には投資と消費と浪費の3種類があるとお話ししました。そして、「お金＝価値」だと信じている人は、それぞれの意味を次のように理解しています。

投資とは、お金を使って「値段より高い価値」のものを手に入れること。

消費とは、お金を使って「値段と同じ価値」のものを手に入れること。
浪費とは、お金を使って「値段未満の価値」のものを手に入れること。

私の知る限り、10人中9人はこの考え方に染まっていて、これっぽっちも疑っていません。そして、このように考えている限り浪費し続ける人生を送り、死ぬまでずっと投資に失敗し続けることでしょう。

なぜなら、常に「お得か否か」「高いか安いか」を判断基準にしてしまうからです。

私たちはひとたび「お得だ」と思ってしまうと、それだけで欲しくなってしまいます。そして、何の疑いもなく買ってしまいます。**お得か否かで判断するので、これからもずっと「安くてお得で必要のないもの」を買い続けてしまいます。お得か否かで判断するので、これからもずっと「絶対に儲かるおいしい投資話」に乗せられて大損し続けるのです。**

テレビコマーシャルやチラシを意識して見ると、このことがよくわかります。どの宣伝も「必要性」ではなく、「欲しい！」という感情に訴えかけているからです。

マーケティングのプロは、ニーズ（必要性）ではなくウォンツ（欲求）に訴えろと言いますが、**「お金＝価値」だと信じ込んでいる消費者はまんまとカモにされていた**のです。

かつては私もそんなマーケティングのカモの1羽でした。「絶対に儲かる株」を買ったはずなのに、損をし続けました。「絶対に儲かるＦＸのプログラム」を駆使したのに、派手に弾け散りました。

こうして浪費し続けたので、お金がなくなってしまったのも必然です。

「お金＝価値」という発想のことを、私は「お金の世界の天動説」と呼んでいます。

天動説とは、地球のまわりを太陽や星が回っているという地球中心の考え方です。これと同じように、お金の価値を中心（基準）にして考えるのが「お金の世界の天動説」です。

この考え方に陥っている限り、**投資と消費と浪費を「価値の大小で測る」と**

**いう誤った判断を繰り返す**ことになります。

だから、天動説を信じている限り、絶対にお金持ちにはなれません。貧乏なままで一生を終えることになります。それくらい致命的な勘違いです。

## 1万円札そのものには20円の価値しかない

そもそもお金って何なのか、あなたは一言で答えられますか？

経済学では「価値の尺度」「交換の媒介」「価値の保蔵」という3つの機能を持ったもののことを通貨と呼んでいますが、それは「通貨の機能」を説明しているだけであって、お金の本質とはまったく関係ありません。

前著の『妻社長』でも詳しく説明しましたが、そもそもお金の本質は「感謝の気持ち」であって、通貨自体には価値なんて何もありません。通貨に価値があるのではなく、通貨を介してやり取りされる感謝の気持ちにこそ価値があるのです。

人様や社会に貢献して感謝されたときに初めてもらえるのがお金です。**紙幣や硬貨といった通貨は、感謝の気持ちをわかりやすく見える化した仮の姿にすぎません。**

1万円札はプリントされた紙切れですから原価はたったの20円。そこに1万円分の感謝の気持ちが乗っかっているからこそ、1万円の価値があるとみんなが認めているのです。

このように、感謝の気持ちが宿ってこそ通貨は価値があるのですが、感謝の気持ちが抜け落ちた「抜け殻の通貨」だけが独り歩きしがちです。通貨自体に価値があると錯覚されていることが原因です。

企業活動でも、売上目標や収益目標として数値化されたお金が独り歩きをしています。本来なら、お客様の役に立って感謝された結果として、あとからついてくる数字が売上や収益であるはず。お金の本質は感謝の気持ちなので当然の順序です。したがって、**企業がやるべきことは、「どうやったらいままで以上にお客様のお役に立てて喜んでいただけるか」を必死に考えて実行すること。**

ところが実際には、多くの企業が「手っ取り早く数字を叩き出す」ことしか考えていない。目的と結果を履き違えているので、本末転倒です。

銀行や証券会社もそうですが、一番の典型例は先物取引などのデリバティブと呼ばれる金融ハイテクを駆使して市場をかく乱し続けるヘッジファンドでしょう。彼らの眼中にあるのは数字だけです。

デリバティブとは本来、金利や為替などが急激に変化しても大丈夫なように保険をかける仕組みです。本来の使い方をされていれば感謝の気持ちが伴うのですが、闇雲にレバレッジ（威力を倍増させる仕組み）を効かせて儲け主義に走ってしまった時点で、まったく別物に変容してしまいました。

「多くの人に喜んでもらい、感謝の気持ちを増やそう」という発想はかけらもありません。

「お金＝価値」だと信じていた昔の私は、知識とノウハウを駆使してお金を運用すれば、大儲けできると確信していました。

しかし、大金を失って破産しかけたことで初めて、その勘違いに気づいたのです。

本当は、お金自体に価値があるのではなく、感謝の気持ちのほうに価値があるのだということ。だからこそ、どんなに株を売買しても私は儲けられなかったのだと。**私が株を買ったり売ったりしても、誰も私に感謝してくれない**のですから、シンプルに考えれば当たり前です。

## 信じればお金が貯まる「お金の世界の地動説」とは？

「お金＝感謝の気持ち」という考え方のことを、私は「お金の世界の地動説」と呼んでいます。つまり、太陽のように中心にあるのは「感謝の気持ち」なのであって、私たちがお金と呼んでいる通貨には絶対的な価値は何もないのです。

お金とは、経済という名の太陽系の中で、「感謝の気持ち」という太陽のまわりを回りながら自転している惑星の1つにすぎません。「感謝の気持ち」という名の太陽からエネルギーをもらっている惑星にすぎないのです。

「感謝の気持ち」が生まれなければ、「お金」も生まれはしません。「お金」にとって一番大切なキーワードは「感謝の気持ち」なのです。

そして、お金の本質が「感謝の気持ち」だと気がつくと、投資と消費と浪費の意味も次のように正しく理解できるようになります。

投資とは、人様に役立つことにお金を使うこと。
消費とは、自分と家族のためにお金を使うこと。
浪費とは、誰の役にも立たないことにお金を使うこと。

これに気づくだけで、**「お得か否か」ではなく「必要か否か」でお金の使い道を判断できるようになります。**

なぜなら、**人様の役にも立たず、自分や家族のためにも役立たないのであれば、そのモノやサービスは必要のないもの**だからです。必要のないものにお金をかけようなんて思うわけがありません。

このように役に立つかどうかという視点で判断できるようになって、初めてムダ遣いを減らすことができるのです。

生活水準を維持しながら浪費を防ぐポイントの1つ目は「欲しいものではなく、必要なものを買うこと」でした。大切なことは役に立つかどうか、必要かどうかなのです。お得かどうかで考えてしまうと私たちは欲望にかられてしまい、なくてもよいものまでついつい欲しくなってしまいます。

## 従来の節約術がつらくて苦しいのはなぜだろう?

改めて、あなたの部屋の片隅にある使わないもの、押入れや物置に仕舞ってあるる品々をながめてみてください。そのうちの半分程度はなぜか欲しくなってしまい、ついつい買ってしまったものではないですか？

世に言う「安物買いの銭失い」です。

あるいは、これまで損をした投資が何だったかを思い出してみてください。儲かるかどうかという価値判断に軸足を置いていませんでしたか？

**お金をもらえるのは、人様や社会に役立ったときだけなのですから、何も貢献せずに都合よく大金が懐に転がり込んでくるおいしい話なんてあるわけがありません。**

儲かるかどうかで判断するのではなく、貢献できるかどうかで判断すべきだったのです。「お金＝価値」だと思っている限り、あなたは必ずまた「儲け話」の落とし穴にハマってしまうでしょう。

自分では消費だと思っていることの多くは浪費だとお話ししました。でも、価値の高い低いではなく、「誰のために役立つか」で判断すれば、浪費は防げます。

だからどんなにお得なものを見つけたとしても、まずは「自分や家族、あるいは人様のために役立つだろうか？」と考えてみてください。必ずしも必要なものでなかったり、役に立ったりするものでないのなら、それを買うことは浪費です。**どんなにお買い得であっても浪費は浪費なのです。**

ところで、ダイエットに失敗してリバウンドするのと同じように、節約に疲れ果ててお金が貯まらない生活に戻ってしまう人が大勢います。

これは、私に言わせると当然の結果です。

なぜなら、出費を削ることばかりに気を取られていて、消費まで削ってしまっているからです。

消費とは生きるために必要な出費です。**生きるために必要なものまで削ってしまっては、苦しいですから長続きしなくなるに決まっています。**

消費と浪費のマトリックス（【図1】）をご覧ください。この図を見ると一日

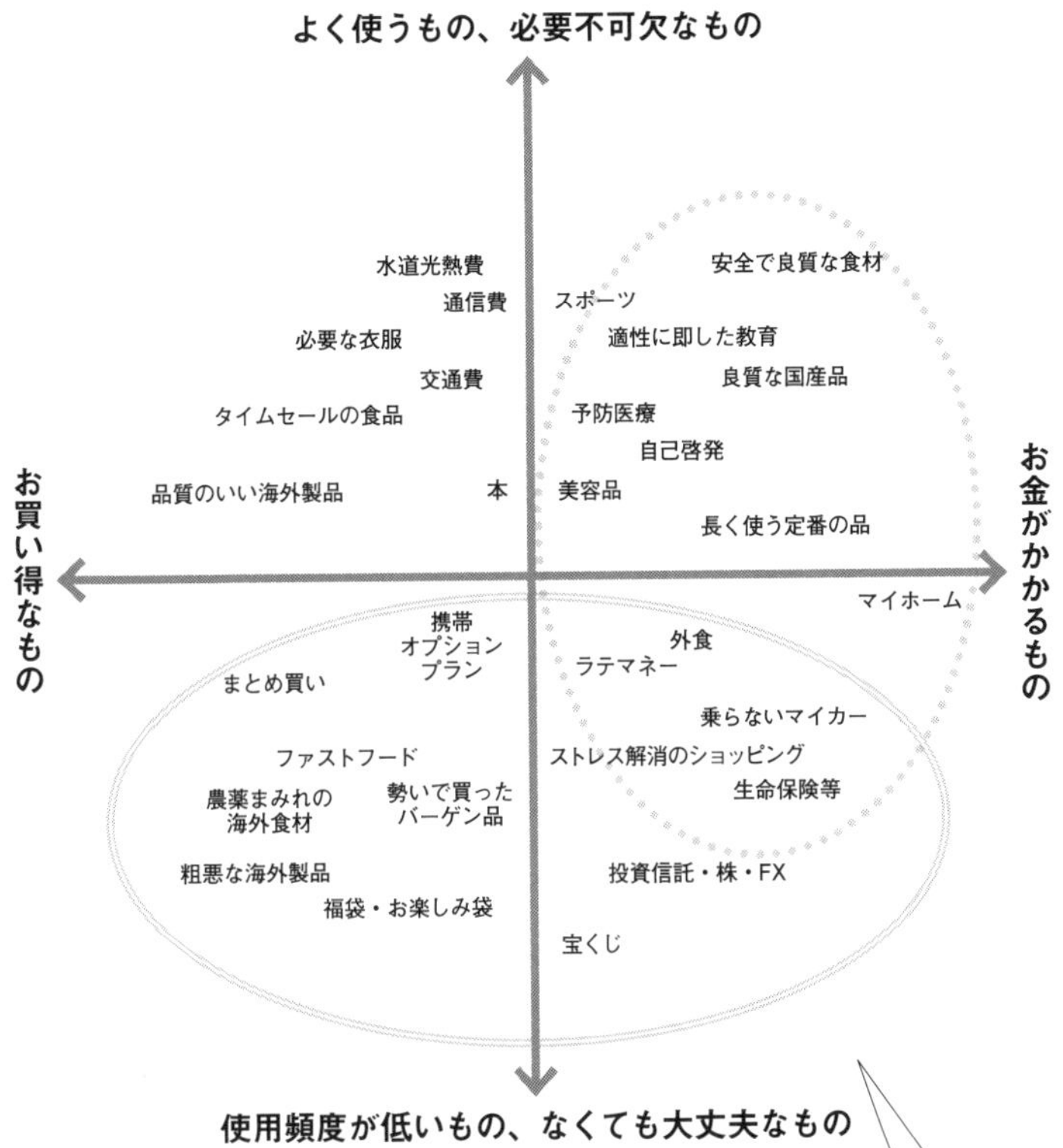


・**点線で囲まれた部分を減らすのが従来の節約術。**でも、この方法はつらくて苦しいだけなので、絶対に長続きしません。
・これに対して**「妻社長メソッド」で提案するのは二重線で囲まれた部分を削る節約術。**この方法であれば生活レベルが下がらないので、苦しくなく、長続きします。

**図1　消費と浪費のマトリックス**

瞭然なのですが、これまでの節約術の主流は、お金のかかる右側（点線で囲まれている部分）の出費を減らすことに主眼が置かれていました。なぜなら「お金＝価値」という「天動説の考え方」に立っていたからです。でもそうやって節約すると、じつは削ってはいけない「必要な出費」（図の上半分）まで削ってしまうはめに陥るのです。

そうではなく、あなたがすべきことは図の下半分「使用頻度の低い不要な出費」（二重線で囲まれた部分）を削ることです。大切なことは支出の多寡やお得か否かではありません。必要か否かなのです。

**高級な食材だろうと、高額な美容品だろうと、しっかりと考えた結果、自分や家族の役に立つものだと判断できるのであれば、それを買うのは正真正銘の消費です。**自信を持って買ってください。浪費でないと判断できてから、その上で初めてお得か否かを判断すればよいのです。

お得かどうかの判断は、要不要の判断をして必要だという結論が出た後でしかありえません。ちなみに、お得か否かを判断する基準は「価格に見合った感謝の気持ちを感じるか否か」です。

このことに気づいてからは、私たちも図の下半分に相当する買い物をしなくなりました。

**マイカーも手放したし、余計な保険には入っていません。安くても不要なバーゲン品や福袋にはまったく興味がなくなりました。**一見お得なものとは金輪際おさらばです。

その一方で、高価であっても良質で必要なものは迷わずに買います。

たとえば、妻のファッションアイテムは、長く使えて愛着もわき手放せない品ばかりです。私も自己啓発には時間とお金を惜しみません。良質なセミナーには10万円出してでも毎年参加しますし、先日も50万円のセミナーに申し込みました。

## フリーマーケットに出店すると
## ムダ遣いしなくなるから不思議

そのモノやサービスが、本当に必要なのか不要なのかを判断できるようになる簡単な方法があります。それはフリーマーケット（フリマ）への出店とネットオークションへの出品です。

フリマやネットオークションに出品する商品は、あなたや家族にとって不要な品々です。出品する際、「どれが必要なものでどれが不要なものか」を選《よ》り分けなければなりません。出品の基準は「高いか安いか」ではないのです。

買い物をするときにはついつい「高いか安いか」で判断して、お買い得だと思ったものを買ってしまいます。ところが、**フリマで売主になった瞬間に「高いか安いか」ではなく、「必要か不要か」という基準で出品する商品を選別せざるをえなくなる**のです。

それを選り分ける段階で要不要の選別眼が養われるという寸法です。しかも、どんな種類の不要品を多く抱え込んでいるか、自分の家の傾向もわかるというもの。

私がこの仕組みに気づいたのは、ライブドアショックをきっかけに株で大失敗して破産寸前にまで追い込まれたときでした。生活費を捻出し、種銭を作るために、家の中にある「要らないものや使わないもの」を売り払うしかなかったからです。その際に一番重宝したのがネットオークションで、次いで近所で開催されるフリマでした。

実際に出品してみて初めて気づいたのですが、**押入れやタンスに仕舞ってあるものの大半は自分たちの役に立たないものばかりでした。**

とくに多かったのが、バーゲンセールやアウトレットで安さに目が眩《くら》んで買った衣類でした。コーディネートとか自分に似合うかといった必要性を度外視して買っていたのです。「いずれ痩せるから大丈夫!」と都合のいい言い訳をして小さなサイズの服も買っているので、いつまで経っても着れません。そんな経緯からタグが付いたままの洋服がクローゼットやクリアボックスの中を我が物顔で占拠していたのでした。

実際に出品する商品を選びながら、自分たちがいままでいかに「必要か否か」ではなく「お買い得か否か」「欲しいか否か」で買っていたか、ということを思い知らされることとなりました。こうして身をもって「必要か否か」で選ぶことの大切さを学び、選別眼を養うことになったのです。

選別眼を養ううちに、大多数の人が「欲しいか否か」で買っていることを改めて確信しました。たとえば、日本には「マニア」とか「オタク」と呼ばれる人たちがわんさかいます。私自身がその典型例だったので、役に立たないガラクタを山のように抱えていました。そこで、オタク垂涎《すいぜん》のアニメのセル画から始まって、通好みのワインに至るまで、好きな人にとってはノドから手が出るほど欲しい品々を、片っ端から売りさばいていきました。

このようなノウハウが身につくと、街なかで売っている商品や古本でも、オークションなどで高く売れることに気づきます。いまはやりの「せどり」という手法なのですが、**自分が持っているものだけでなく、人様から仕入れたものも活用しながら種銭を増やすことができました。**

ガラクタを抱え込むことは、消費者である個人の宿命でもあります。

なぜなら、個人は企業と違って在庫に無頓着だからです。多くの企業では、商品備品を買うにしても総務セクションから厳しくチェックされます。また、商品を仕入れたら必ず売り切る努力をします。在庫が膨らむと、あっという間に陳腐化して不良在庫となってしまうからです。在庫が増えれば資金繰りが回らなくなって倒産します。

ところが個人は、夫や妻の一存で買おうと思えば何でも買えます。**企業は事業に必要だから買うのですが、個人は「欲しいから」買ってしまいます。**しかも、個人は消費者なので転売目的では買いませんから、不良在庫という考え方さえありません。だから、不要なものを買っても気づかない。いつの間にかガラクタの山に囲まれて埋もれてしまうわけです。

## 「高付加価値」「高機能」という名の感謝の押し売りに気をつけなさい

何気なく買っている商品やサービスにはいろいろな付加価値が加わっています。当然ですが、付加価値が高いほど商品やサービスの値段は跳ね上がります。

高付加価値の典型例はスマートフォン（スマホ）でしょう。スマホの高性能化には目を見張るものがあります。いまやパソコン並みのソフト（アプリ）がたくさん組み込まれていて、すべては使いこなせません。というより、使いこなす必要のないアプリばかり入っています。

こうした超高機能ぶりも数多くのアプリも親切な料金プランも、その費用はすべて毎月の課金の中に組み込まれています。こうした**盛りだくさんの機能があれば、それに見合った感謝の気持ちをユーザーが感じるだろう、という前提で金額設定がされているから**です。

しかし、本当にそうなのでしょうか？

もしあなたのスマホの中に不要な機能やアプリがあったとしたら、どんなに付加価値が高くても浪費以外の何ものでもありません。契約の際に、半強制的に●●プランとか、△▲コースとか、多くの有料オプションに契約させられますが、その多くはなくてもよいものです。

もちろん、こうした有料オプションを契約すると、さまざまな割引特典がついてくることも事実です。しかし一方で、購入後すぐに自分で解約手続きを取らないと永遠に課金され続けます。

私の場合、毎月3000円課金されるオプションが最初からついていたのですが、すぐに解約しました。それらのオプションは私の役に立つものではなかったからです。役に立たないものにお金を使うことは浪費だとお話ししました。**毎月3000円なので、年間3万6000円もの浪費になるのです。**

とはいえこうしたオプションも、きちんと価値が創造されて生まれてきたサービスの1つです。実際に使う人にとっては役に立つサービスだと思いますので、その意味ではまだまともなほうかもしれません。

## すべての商売はあなたの感情を商品化して儲けている

最悪なのは付加価値すら付いていない商品です。

生活水準を維持しつつ浪費を防いでお金を貯める2つ目のポイントは「価値のない『幻』を買わないこと」でしたが、付加価値がないにもかかわらず、幻でラッピングされた高価なサービスや高額商品が世の中にどれだけあふれていることか！

気づいている人も多いと思いますが、**この世の中で一番儲かる商売は夢や希望、そして感動を売る商売です。**ディズニーランドをイメージするとわかりやすいかもしれません。徹底したホスピタリティから得られる感動はすばらしくハイレベルです。

そもそも資本主義とは、感動をぐるぐる回しながら成長し続ける仕組みになっています。感動とは文字通り「感情が動くこと」、つまり気持ちの変化です。要するに、私たちは感情が動いたことに対してお金（感謝の気持ち）を支払っているのです。

通貨が発明される以前の経済は、米と魚を交換するような「物々交換」で成り立っていました。一方、現代の経済はそれよりも1歩進んだ貨幣経済です。でもその中身は、感謝の気持ちを感情の動きと交換しているので、言ってみれば「感々交換」ということになります。

意外かもしれませんが、**物々交換ならぬ感々交換が資本主義経済の本質**なのです。

単純な商品やサービスよりも、そこに何らかの価値が付加されると私たちは感動しやすくなります。さらにそこに夢や希望が加わるともっともっと感動します。感動する度合いが大きければ大きいほど、感動の質が高ければ高いほど、あなたは感謝の気持ちであるお金をたくさん支払うでしょう。

ところが残念なことに、一見すると夢をもらって感動したと思っていた商品やサービスが、実は夢でも何でもなく、ただの幻だったり錯覚だったりすることが少なからずあります。

**世の中にあふれる商品やサービスの多くが、こうした幻や錯覚でラッピングされているの**です。幻や錯覚は何の役にも立ちませんので、それにお金をかけることは浪費にあたります。

ですから、「幻」を買わないようにしなければ、お金はいつまで経っても貯まりません。

## “幻”でラッピングされた商品を買ってはいけない

一番典型的な幻でラッピングされた商品が宝くじです。

「ドリームジャンボ宝くじ」という名前が示す通り、「宝くじとは夢を買うもの」だと思われています。言われてみれば、なるほどそのようにも思えます。

たとえば、10万円分の宝くじを買ったときに確実にもらえる配当は、確率的に1万円なので、10万円を支払って「1万円＋当選する夢」を買っていることになります。つまり、大半は夢の値段だということなのでしょう。

もしそれが本物の夢であればよいのですが、冷静によく考えてみると夢とはほど遠いまったくの別物だと気づきます。それは「楽して大金を手に入れることができるかもしれないという期待感」だからです。

そういう安易で浅はかな期待感を夢とは呼びません。「幻」と呼びます。なぜなら、その期待感は99・9999パーセント裏切られることが確定しているからです。つまり、10万円の**宝くじは「叶えられることのない期待感という幻」だけでできあがっている、ほとんど価値のない商品**だということがわかるでしょう。

しかも、その効能には持続性がなく、抽選日の到来とともに消え失《う》せます。

そうすると麻薬が切れたのと同じ状態になるので、心地よい幻覚を見るために懲りずにまた買ってしまいます。

そもそも、お金の本質にさえ気づいていれば、楽して儲けられるという期待感を抱くこと自体が自己矛盾だということに気づくでしょう。

いや、宝くじ購入代金の4割は地方自治体などに還元されて、少子高齢化対策、防災対策、教育および社会福祉に活用されているのだから、決してムダ金ではない！

中にはこのように仰《おっしゃ》る方もいます。確かに宝くじの資金の4割はそのように使われています。そして実はこれは税金と同じ資金使途です。「愚者に課した税金」と呼ばれる所以《ゆえん》がここにあります。

もし懐に有り余るほどのお金があって、税金をたくさん支払いたいのであれば、それもよいでしょう。でも、そうでなければ、一番尽くしたい相手に直接寄付をしたほうがよっぽど効果的です。だから、**世界中の大富豪は、莫大《ばくだい》な資産を宝くじにつぎ込むのではなく、寄付しています。**

また、万が一宝くじに当たったとしても、決して幸せになることはできません。なぜなら、宝くじを買うということは、正しいお金の使い方を知らない、ということを意味しているからです。

正しいお金の使い方を知らない人が5億円を手に入れても、その大半を浪費します。当たらなければ損するし、当たっても浪費するのですから、だったら最初から買わないほうがマシです。

もし真剣に夢を買いたいのなら、宝くじを買ったつもりで貯金箱に「ツモリ夢貯金」をしてみてはいかがでしょう。本気で貯めるとかなりの金額になるので、貯まった後で何に使うか改めて考えても遅くはありません。そうすると不思議なことに、**積み上げたそのお金で「宝くじを買おう！」なんて思わなくなります。**

私たち夫婦も、「必要なものではないけど欲しいもの」があったときには、貯金箱にそのお金を奉納しました。そうすると1年も経たないうちに15万円貯まってしまい、ビックリ仰天です。

そのお金はもちろん、欲しいものではなく必要なものに化けました。投資用の不動産に化けて、その投資用不動産は「私たちの夢」を叶えるお金を毎月生み出し続けています。本当に夢を買えてしまったわけです。

## 借りると消費になり、買うと浪費になるのはなぜか

幻にだまされないようにするためには、お金の本質をしっかりと理解していなければなりません。そして、お金の本質から導かれる浪費と消費と投資の違いを明確に理解できていなければなりません。なかでも大金をつぎ込む商品には要注意。その典型例がマイホームです。

家は、買うべきなのか、それとも借りたほうがよいのか？

賛否両論ありますが、お金の本質から考えるとおもしろいことがわかります。

家を借りる場合には、部屋の広さや間取り、生活利便性や交通利便性など実利的な視点、つまり必要性を重視しながら検討します。どれだけ自分と家族の役に立つ家なのかという視点で突き詰めて考えて、家賃に見合うかどうかを判断していくわけです。

その意味では「消費」の典型例と言ってもよいでしょう。

では、家を買う場合はどうでしょうか？

もちろん買う場合にも、借りる場合と同じように広さや利便性といった必要性の判断をします。したがって、マイホームを買うことも基本的には「消費」にあたります。

しかし、それだけで終わらないところが、買う場合の怖さです。

家を買うときには普通は住宅ローンを組みますが、**たいていの人は給料で返済できるかどうかで判断してしまうため、返済できる限界のお金を出して買ってしまう**のです。

おまけに買う場合には、「欲しい！」という欲求も上乗せされます。この「欲しい！」という感情が私たちを浪費へと引きずり込みます。「家を買う」のではなく、「夢のマイホームを買う」暴挙へと駆り立てるのです。

「夢のマイホーム」ならよいのですが、その実体は「幻」です。

新築マンションの現地モデルルームを見に行くと、ホテルのようなエントランスやロビーに圧倒されます。中にはゲストルームやラウンジまで完備したマンションもあります。すごいなと思いつつも、「いったい誰のために役立つのだろう？」と疑問に思うことも度々です。

仮に、あなたと家族にとって、ここまで豪勢な設備がなくても大丈夫なのであれば、そのマンションを買うことは言うまでもなく浪費です。

でも**マンションの場合、自分だけは質素なエントランスやロビーで十分だからその分価格を下げてもらう、というオプションはありません。**もしそのマンションの立地や部屋を気に入って買う場合には、豪勢なエントランスやロビーという浪費商品もセット販売でついてくるというわけです。そしてこれは、ほんの序の口です。

## ノドから手が出るほど欲しい「マイホーム」を私が買わないワケ

郵便受けや新聞折り込みには毎日のようにハウスメーカーやマンションディベロッパーのチラシが入っています。もしお手もとにありましたらご覧になってみてください。

それらのチラシに共通していることが2つあります。1つは、その家はハイセンスで格調高く、ワンランク上のゆとりある暮らしができると主張していること。そしてもう1つは、そのマイホームで暮らすと、家族との幸せな生活が手に入ると主張していること。

とくに、**最寄り駅から遠い物件や特徴を打ち出しにくい物件ほど、「格調高き」とか「歴史と調和した街並み」とか「荘厳な雰囲気に包まれた」とか「ク**

**オリティのある暮らし」といった抽象的で美しい文言でデコレーションされています。**

また、モデルルームで演出されている生活感のないおしゃれな家具や調度品、テレビコマーシャルで流れてくる家族との幸せな生活風景も同じような雰囲気を醸し出しています。

つい先日もすてきなモデルルームを見学したのですが、内装オプションに2800万円もかかっていると知って気絶しそうになりました。

お気づきの通り、これらはすべて実体のない幻であり、手の届かない蜃気楼《しんきろう》です。なぜなら、**マンションが1棟建っただけで、その街がいきなり格調高い洗練された街並みに変貌するなんて、絶対にありえない**からです。そんなのは販売促進のために作られた、売り手本位の勝手なイメージです。

その証拠に、実際にマイホームを買って住んだ瞬間にすべてが幻だったと気づきます。格調高い我が家の上下両隣には普通の住人が住んでいて、新たなしがらみが始まります。騒音問題やゴミ問題、管理会社問題や修繕積立金不足など、マンション管理に絡む諸問題が露《あら》わになり、格調高いどころか「ゆとりとは程遠い日常」が繰り広げられるのです。

家族の幸せな未来は、マイホームが自動的に作り上げてくれるわけではありません。家族1人1人が協力しながら自分たちで作るしかないのです。

ところが、新築マンションや新築戸建ての価格には、こうした夢のある暮らしや格調高い雰囲気のお値段までもが含まれています。ただの幻・蜃気楼にしかすぎないものに対して、私たちは数千万円もの大金を支払っているのです。

もちろん土地や建物それ自体には価値があるし、基本性能も付加価値も備わっているのでしょう。しかし、**購入価格の実に3分の1以上は「根拠のない蜃気楼」と「豪華で過剰な設備」の対価です。**

派手な宣伝を繰り広げていて建築坪単価が100万円以上もする物件と、口コミで商売をしている建築坪単価50万円以下の物件との価格差を見ると、そのことがよくわかります。

夢を騙《かた》った蜃気楼に費やされているのは、マイホームの購入代金だけではありません。

マイホームは高価なので通常は住宅ローンを組んで買います。仮に4000万円のマンションを買うとすると、住宅ローンの支払金利はフラット35（金利2パーセント、期間35年）で1500万円です。マンション自体に1500万円の根拠のない蜃気楼と豪華で過剰な設備が含まれていますから、**合計で3000万円ものムダなお金を支払う計算です。**

一口に3000万円と言ってしまいましたが、とんでもない大金です。1世帯あたりの生涯支出は約2億円ですが、蜃気楼を買うためにその6分の1にあたるお金を使い込む。そのために莫大な借金を抱えて、借金返済のために人生を切り売りして一生を終える。借金してギャンブルに3000万円つぎ込み、すべてを失うようなものです。

家族を幸せにするどころか、家族の人生を犠牲にすることにさえなりかねません。もし3000万円のムダがなくなれば、老後に不足すると言われる3000万円を貯められるのですから。

**私たちも本音では新築のマイホームがノドから手が出るくらい欲しいです。**

でも、「家に住みたい」という欲求は借りても満たせるのでマイホームは買いません。とくに都内のマンションは、2020年くらいまで土地と建設費の高騰が続くので、間違いなく高値づかみになってしまいます。

私は銀行員として、これまでに数多くの新築マンションや戸建て住宅のプロジェクト融資に関わった経験があります。500億円の都市再開発プロジェクトの融資担当を拝命したこともありました。

だから裏側の事情を知っています。**そんな実態を知ってしまうとバカバカしくて、家など買えないのです。**20年も昔に、何も知らなかった私は両親のために新築物件を買う失敗をしてしまいましたが、同じ過ちは二度と犯さないつもりです。

## 「借り暮らし」をするだけで3000万円も得をする！

とはいえ、住むための家は必要です。

では、いったいどうすればいいのか？

結論からお話しすると、家を借りる「借り暮らし」で済ませるのがベストでしょう。なぜなら、**家を賃借することは浪費ではなく消費**なので、ムダ遣いせずに済むからです。

しかも付随効果として、憲法で保障されている「居住移転の自由」「職業選択の自由」「奴隷的拘束や苦役からの自由」が実際に手に入ります。

たとえば「居住移転の自由」について考えてみると、マイホームを買った場合でも、理屈の上では好きなだけ他の場所へ引っ越しできます。でも現実には、転勤でもない限り引っ越しなんてしません。

その点**「借り暮らし」**なら、**騒がしい隣人やゴミ屋敷おばさん、刺青のお兄さんなどが引っ越してきても、自分たちがよそへ引っ越せばすべて解決します。**

ちなみに私たち家族が以前住んでいた賃貸マンションは分譲タイプで、持ち主の転勤で空いた部屋を借りたものでした。そしてなんと、**そのマンションの隣はとある暴力団幹部の自宅で、毎日のように組員が詰めかけて、周辺を闊《かっ》歩《ぽ》していたのです。**幹部の自宅の集会部屋が、マンション全戸のベランダから丸見えで、目があってしまうことも日常茶飯事。しかし、私たちは「借り暮らし」でしたから、気兼ねなく他所へ引っ越しできました。

南側で突如けたたましく建設工事が始まって、高層マンションがそびえ立つことも、よくあることです。**私たちが去年まで住んでいた借家の近くには、セレモニーホールが忽然《こつぜん》と姿を現しました。**周辺の民家には抗議の旗がはためきましたが、法律に違反しているわけではありませんので、どうしようもありません。「借り暮らし」の身にとっては痛くも痒《かゆ》くもありませんでしたが……。

そもそも論として、新築信仰はもう捨てましょう。

**欧米諸国の住宅は美しくて情緒がありますが、取引されているうちの9割は中古住宅です。**新築が9割近くを占める国は日本くらいのもの。ただでさえ、空き家があふれて社会問題になっているのですから、これ以上、新築を増やす必要はありません。

だから、まだマイホームを買っていない人はグッとこらえて、まずは「借り暮らし」をしましょう。それだけで、新築マイホームに漏れなくついてくる1500万円の幻と1500万円の金利を支払わなくて済みますから、合計で3000万円も得をします。

## 「低金利だから預金はもったいない」というウソにだまされるな

誰もが実践している「お金を増やす方法」の1つが預貯金での運用です。お金を預けるだけで自動的に利息が付きますので、通帳の数字が少しずつ増えていきます。

1年物の定期預金の金利は1995年に1パーセントを割り込んで、一気に0・3パーセント台になりました。それ以来20年も超低金利時代が続いています。

昔の高金利を知っている人にとっては、大変な運用難だと思います。あまりにも金利が低すぎるので、窓口ですすめられるままに投資信託や保険を買った人もいるのではないでしょうか。

しかし驚くなかれ、**金利が低かったこの20年間で、一番お得な金融商品が預貯金だった**のです。

なぜ、金利が低いのに得だったのでしょうか？

それは、日本の通貨「円」の値段が上がり続けたからです。

金話は横道にそれるのですが、「金」に投資する人がたくさんいます。金は金属なので、金自体は増えないし利息も付きません。それなのに金を買うのは、いずれ金の値段が上がって得をすると考えるからです。

そしてじつは2015年ごろまでの20年間、「円」の値段も上がり続けてきました。金を買った人にとっては金の値段が上がれば儲かります。同じように、**円も値上がりしたので、円を預貯金として持っていた日本人は、金利が低くても得をしてきた**のです。

なぜ円の値段が値上がりしたかというと、日本ではずっと「デフレーション（デフレ）」という現象が続いていたからです。デフレとは、モノやサービスの価値に比べて円の値段のほうが高くなる現象です。


もう少し具体的に話しましょう。

商品の値段が高いか安いかを、私たちは円を物差しにして判断しています。たとえば、200円のパンが100円になると「パンが安くなった」と思うはずです。「円というお金の価値は常に一定で、ものの価値のほうが変わる」と考えているから、200円のパンが100円になったら値下がりしたと感じるのです。そしてもし、**パンの値段だけが下がったのであれば、「値下がりした」**

**と考えることは正しい**ことです。

でも、パンだけでなく、卵や牛乳もすべて200円から100円になったとしたらどうでしょう？

世の中のすべての商品が、お互いにタイミングを申し合わせたように同時に半分の価値になってしまったのでしょうか？

そんなバカなことはありえません。この場合には、**すべての商品の価値が同時に半分になったわけではなく、「円」というお金の値段が2倍になっただけ**なのです。

ものの値段がすべて半値になったと考えることは、地球から空を見上げて「太陽も月も星も、すべて地球のまわりを回っている」と考える天動説と同じ発想です。

実際には、地球がコマのように自転しているから太陽や星が動いて見えるだけです。

これと同じように、ものの値段が上がったり下がったりしているのではなく、

「円」の値段が下がったり上がったりしているだけなのです。モノやサービスの価値は変わっていません。

そして、「円」の値段が上がる現象を「デフレ」と呼ぶのです。モノやサービスの価値は変わらないのに、「円」というお金の値段が上がり続けたので、物価が下がり続けているように見えていただけなのでした。

そう考えると、小数点以下にゼロが並ぶ低い金利だったとしても、「円」そのものの値段が上がっていくので気にする必要はなかったのです。放っておいても「円」の値段が上がるうえにわずかでも金利をもらえるのですから、むしろいいことずくめだったのでした。

つまり、「金利が低いので定期預金はもったいない」という考え方は、ただの錯覚だったわけです。

普通の人には、そんなカラクリはわかりません。それなのに、銀行や証券会社は「定期預金にしても金利が低くて馬鹿らしいので、投資信託にしませんか？」というセールスをしていました。

**銀行は通貨のプロなので、デフレの時代に「円」の値段が上がることくらい百も承知です。それにもかかわらず、銀行の本部は「低金利なので預金はもったいない」というセールストーク集を作って、投資信託や保険をお客さんにすすめなさいと、顧客係や窓口の行員を指導していた**のです。

投資信託を主な収益源とする信託銀行に至っては、投資信託を頻繁に売り買いさせる手法を駆使して荒稼ぎをしていました。デフレの時代には、預金を預かっても銀行は儲かりません。だから、なりふりかまわず投資信託や保険に誘導してきたわけです。

## 宮沢賢治の童話『注文の多い料理店』が投資信託の本質を暴く！

最初に3パーセントの手数料がもらえて、その後も毎年1・5パーセントもらい続けられるすごい金融商品があります。しかも、元本が1円たりとも減らない、いえ正確には元本を出さなくていい。とても魅力的な金融商品だと思いませんか?

それこそが投資信託なのですが、残念ながら、そんなすごいメリットを受けられるのは売主である銀行と証券会社だけでした。

おもしろいことに、**投資信託は宮沢賢治の童話『注文の多い料理店』と同じ仕組み**になっています。

『注文の多い料理店』は次のようなストーリーです。

2人の青年が狩猟で山奥にやってきて帰れなくなります。そこで見つけた「西洋料理店 山猫軒」に入るのですが、やけに注文の多いお店でした。衣服を脱がせ金属製のものを外させたうえ、酢の匂いのする香水を頭にかけ体中に塩をもみ込むように、などと次々と注文がつけられます。

じつは、これらはすべて2人を料理の素材として食べるための下準備だったのです。「西洋料理店」とは「来た客に西洋料理を食べさせる店」ではなく、「来た客を西洋料理として食ってしまう店」でした。

投資信託も同じカラクリです。

たくさんのリスクがあるので、ここにチェックをしなさい、ここにサインをしなさいという注文がたくさんつけられます。そしてなんと、お金を出すのも手数料を支払うのもお客なのです。

**定期預金であればお金を出した客自身が利息をもらえるのに、投資信託はお金を出したお客が手数料まで払わなければなりません。**さらにその結果として**元本が半分に減ったとしてもすべて客の責任**で、証券会社も銀行も1円たりとも責任を取りません。それどころか、**たっぷり手数料を持っていってしまいます。**つまり、お客を料理して食べてしまうのです。

儲かるか損するかわからないのにお金を全額出したうえに3パーセントの手数料と毎年1・5パーセントの手数料を支払うお客。お金を一切出さないで、手数料だけ確実にもらい続ける銀行と証券会社。
あなたならどちらが得だと思いますか？

お金の本質に沿って考えると、答えは明らかですね。

投資信託にお金を使っても、世の中から感謝されるわけではないので「投資」になりません。また、自分に役立つものも手に入らないので、消費でもありません。誰のために役に立つのかわからないのですから、浪費なのです。

唯一喜ぶのは、リスクがないのに手数料をもらえる証券会社と銀行です。証券会社や銀行にとっては「投資信託」かもしれませんが、私たちにとっては「浪費信託」以外の何物でもなかったのです。

そんな実態を知っているので、**銀行員たちは投資信託を買いません。**唯一買うとしたら、日銀が買っているような上場投資信託のみです。その場合でもリスクは避けられないので、せめて手数料の安いネット証券経由で買います。

ちなみに私は、年金代わりの資金を海外で積み立てています。過去の運用実績が平均8パーセント以上とハイレベルであるうえに、円安リスクなどを避けられるメリットがあるからです。興味のある方には、フェイスブックでこっそり教えます（笑）。

## 「上書き生活」で意志の力を使わずラクラク出費削減

生活水準を維持しながら浪費を防ぐ3つ目のポイントは、「固定費を削減し、変動費をコントロールすること」でした。前著でもお話ししましたが、簡単におさらいしてみましょう。

「出費」には大きく分けて「固定費」と「変動費」の2種類があります。どちらも企業会計上の概念なのですが、私はこれを家計に応用して、**「一定の金額が毎月天引きされる支出」**を**固定費**とし、**「ぜいたくの度合いによって毎月変化する支出」**を**変動費**であると位置づけました。

固定費を減らす場合には、最初だけ出費削減の工夫が必要になりますが、いったん削減してしまえば後はほったらかしでＯＫです。「意志の力」は必要ありません。そこで、まずは固定費を削減しましょう。

**やることは最初に一度だけ固定費をリストアップして削るだけ。**そうすれば、あとは毎月自動的に最低限必要な出費だけでおさまるようになります。

固定費の代表格は「自動車関連費」「住宅関連費」「生命保険料」「通信費」ですので、たんねんに洗い出して見直してください。

難しいのは変動費の削減です。

なぜなら、削減するためには「意志の力」が必要だからです。でも「意志の力」の代わりに「習慣の力」を活用すると、比較的ラクに削減できるようになります。

変動費の削減を、習慣の領域にまで高めるのは大変なのですが、１つだけ簡単な方法があります。それは、いままでの悪い浪費の習慣を単純にやめるのではなく、別のいい習慣で上書きしてしまうことです。

なぜなら、**単純にやめてしまうだけでは、やめた場所に空白が生まれてしまい、そこに新たな悪い習慣が入り込むか、さもなくば元の悪い習慣が出戻ってしまうから**です。

我が家の家計もいまでは「上書き生活」です。毎朝飲むスタバのコーヒーをコンビニコーヒーで上書きし、風呂あがりのビールを炭酸水で上書きすることで、**年間10万円の種銭を作りました。**

ぜいたくな変動費の筆頭格は海外旅行ですが、旅費を支払うことは滅多にありません。なぜなら「旅費をお金で支払う」という習慣を「マイレージで支払う」という習慣で上書きしたからです。

家族全員のクレジットカードを航空会社系のカードに一本化して、お買い物ポイントが2倍貯まるコースに設定すれば、あなたにもできます。これだけで年間20万円分の航空券をもらえます。

## 種銭ワークシートを使って本気で富裕層入りをめざそう

繰り返しますが、生活水準を維持しながら浪費を防ぐために大切なのは、❶欲しいものではなく必要なものを買うこと、❷価値のない「幻」を買わないこと、❸固定費を削減し変動費をコントロールすること、の3点です。

第1章では、この3つのポイントについて具体例を挙げながら、ムダ遣いしないようにするためにはどうすればよいのかを、お話ししてきました。

これを知らない人は、一生の間に数千万円ものムダ遣いをします。でもあなたは、どうすれば数千万円もの浪費を防げるかを知ることができました。つまり今後は、数千万円ものお金を貯めることができるのです。

とはいえこれらは、実践しなければ意味がありません。しかも、いますぐ始めないと、せっかく学んだことを忘れてしまいます。

そこで、いますぐ始められるように、「種銭ワークシート」（巻頭付録を参照）を用意しました。本書をひと通り読み終えた段階で、次の❶〜❾の順番で書き込んでみましょう。

❶あなたがやってみたいと思う副業候補を選ぶ。
❷具体的にやりたい内容を記入する。
❸その副業が5条件（140ページ参照）を満たしているかどうかをチェックする。
❹必要な種銭の金額と、いつまでに貯めるかを決める。
❺副業を始めるために、最初にやるべきことが何かを考える。
❻あなたにとっての浪費が何か、思い当たる出費すべてをチェックする。
❼具体的に、いくら削減できるかを計算する。
❽それぞれの浪費を削るために、何ができるかを考えて記入する。
❾作った内容を家族に見せて、浪費削減のための協力を要請する。

【第2章】

# 妻が社長を務める会社の作り方

超実践編

## なぜ、わざわざ法人化する必要があるのか？

いままで「消費」だと思っていた「浪費」をなくすだけで、数千万円ものお金を貯められることがわかっていただけたと思います。でも、もっと大切なことは、浪費をやめて捻出したお金を、正しい「投資」に振り向けることです。正しい投資とは、プライベートカンパニーという魔法のマントを身にまとって副業に取り組むこと。プライベートカンパニーを羽織って取り組む副業のことを、私はプライベートビジネスと呼んでいます。世に言うプチ起業です。

**もし裕福を望むのなら、プライベートカンパニーを作って妻を社長にし、そこでプライベートビジネスに取り組むしかありません。**なぜなら女性には、「主婦力」という優れた能力が備わっており、しかも専業主婦にはプロローグでお話しした「4つの壁」がないからです。とくに「税制の壁」がない恩恵ははかりしれません。

こうして妻をプライベートカンパニーの社長にすえてプライベートビジネス

に取り組むと、予想だにしなかった相乗効果が生まれます。なぜなら「法人」は、私たち「個人」とは比べものにならないくらい節税に向いているから。所得税率は法人のほうがずっと低いし、税法の規定も行政の実務も法人に優しくできています。

**節税と聞くと地味に思うかもしれませんが、実は世界一ノーリスク・ハイリターンな「資産運用」です。**そのため、法人はわずかな資産を短期間のうちに増やせる、というわけです。子どもを出資者にすれば、相続税を気にせずに資産を引き継ぐこともできます。

一方で、プライベートビジネスを始めるときに誰もが素朴な疑問を抱くはずです。

プライベートビジネスというと聞こえはいいが、しょせんはただの副業。たかが副業のために法人まで作る必要はあるのか？

それに、会社を作る以上は定款や社内ルールを作らなければならない。決算や確定申告も毎年わずらわしい。そもそも法人は、赤字でも7万円の法人住民税を毎年納めなくてはならないから、税金が有利になるとは思えない。
それだったら、わざわざプライベートカンパニーを作らなくても、個人事業のままで副業をすればいいではないか。仮にプライベートカンパニーを作るとしても、副業が軌道に乗って利益が出始めてからでも遅くはない。

なるほど、ごもっともです。

従業員を雇うような普通の会社なら、人事規定などの社内規定は外せません。でも、プライベートカンパニーは文字通り「プライベートな会社」です。**家族以外の従業員は雇いません。**せいぜい忙しいときに家族にバイト料を払って手伝ってもらう程度でしょう。もちろん出張手当などを経費として落とせるように、**簡単な社内規定は作りますが、ネットで検索したひな形でこと足ります。**

**決算や確定申告も市販の会計ソフトで間に合います。**個人事業をするにしても決算や確定申告は必須なので同じこと。**税金に至っては、住民税7万円を支払ってもお釣りが来るほど法人はケタ違いに節税向きです。**

もちろん、個人事業から小さく始めることを否定するつもりはありませんが、後でお話しするように**トータルで支払う税額は法人よりも個人事業のほうが多くなります**ので、損するのはあなたです。

とくに大家業のように初期投資が必要なプライベートビジネスでは、資産の名義を個人から法人に変更するだけで多大な出費になるので、現実的でもありません。中途半端に個人事業を始めるより、最初からプライベートカンパニーを作って自分への強制力を効かせるほうが、よっぽど賢いと思います。

## 節税は世の中がハッピーになる社会貢献だ

プライベートカンパニーを作る最大のメリットは「節税」です。ところが、節税と聞くと、人によっては眉をひそめます。理由を聞くと「節税は脱税と紙一重だから」とのこと。

衝撃的な答えに私のほうがびっくりします。なぜなら、節税と脱税は正反対だからです。

**そもそも節税とは、お金を世のために有効活用する経済活動のこと。**節税するには売上を減らすか、経費を増やすしかありません。そこで、まっとうな会社は経費を増やします。経費とは将来の売上を増やすための「種まき費用」だからです。

経費がかかった分だけ世の中にお金が出回る。つまり誰かがそのお金を受け取ります。受け取った人もそれを何かに使います。自由に使えるお金は、増えるほどに幸せになる。自分に当てはめてみるとよくわかるでしょう。

たとえば、取引先とランチミーティングをすると「会議費」という名の経費になります。互いに役立つ情報を交換できて商談も弾むし、ランチミーティングに使ったお店だって商売繁盛です。

セミナーの参加費や書籍代も経費になりますが、これらも学んだことを世の中に役立てられて、セミナー会社や出版社の売上アップにもつながります。

私たち夫婦がプライベートビジネスに選んだ大家業であれば、不動産投資を続けることで収入増と節税とが両立します。物件の売主さんも不動産屋さんもホクホク顔でしょう。国や地方公共団体には不動産登記費用や不動産取得税が納められます。

また、オンボロ物件であればリフォームされて、リフォーム業者さんの懐も潤います。キレイになった家に入居する人も大喜び。引っ越し業者さんや家具・雑貨・家電のメーカー、そして小売店にもお金が流れていきます。

こうして、経費を使うことで世の中に出回るお金の量が増えていきます。流れるお金の量が増えると経済が活性化して景気がよくなるので、多くの人がハッピーになります。税収も増えるので、国としても喜ばしい限り。だから経費をふんだんに使うこと、つまり**節税は、社会貢献の1つ**なのです。

## お金を貯めてばかりいると国は滅びる!

これに対して脱税は、経費を水増し申告して税金を支払わないこと。お金を使っていないにもかかわらず使っていますよ、というウソの申告をすることですから、実際にお金を使っている節税とは正反対です。

それなのになぜ、節税と脱税とが混同されるのか。

考えられることは、節税でお金を使える人に対するひがみ、やっかみでしょう。**嫉妬とは自分より幸せな他人を妬む気持ちなので、「他人や社会のために貢献しよう」という気持ちが薄い人ほど持ちやすい感情です。**

でも、貢献しないと感謝の気持ちであるお金を多くはいただけません。お金を多くいただけないと、お金を多く使う社会貢献もできません。貢献できなければ次もお金をいただけなくなる、その繰り返しです。一生涯その悪循環から抜け出せずに人生を終えるなんて、想像したくもありません。

**節税することで世の中に出回るお金が増えて景気がよくなる。結果として税収が増える。**不思議な現象ですが、資本主義社会では当たり前です。増税よりも減税のほうが家計の消費や企業の投資が活発になって税収が増えますが、それと同じカラクリです。

国内に出回るお金の量をＧＤＰ（国内総生産）と呼びますが、ＧＤＰというパイが膨らもうが縮もうが関係なくお金を吸いあげるのが増税です。ＧＤＰというパイが膨らまないのに増税すると、国の取り分は増えますが企業や個人の取り分は減ってしまいます。

ところが、減税すると企業も個人も安心してお金を使えるので、出回るお金の量が増える、つまりＧＤＰが膨らむ。そうすると企業や個人の収入がさらに増えるので税収も膨らみます。

節税でも同じように、企業や個人が使うお金が増えるのでＧＤＰが膨らみます。ＧＤＰが膨らむと相乗効果で企業や個人の収入がもっと増え、結果的に税収も増えて、みながハッピーです。

節税とはこのように、経済が活発になって家計が豊かになることに貢献し、国の発展にも役立つ経済活動なのです。だから、**遠慮せずにガンガン経費を使って節税したほうがよい**というわけ。


お金を貯めることに執着してケチな人を「守銭奴」と言います。シェイクスピアの喜劇『ヴェニスの商人』に出てくるシャイロックや、『クリスマス・キャロル』の主人公であるスクルージのように、守銭奴は昔から嫌われ者と相場が決まっていますが、これは本質を突いています。

なぜなら、**守銭奴はお金をたくさん持っているのに使わないから**です。自分のお金を使わないのは勝手ですが、GDP増加に協力しないのですから、社会貢献を放棄するのと同じこと。だから、守銭奴は嫌われるのです。

企業だって同じです。内部留保と称してお金を貯め込んでいるばかりの利己的な企業の存在は、経済・社会にとってははなはだ迷惑です。成長を放棄した企業や、経済の成長に貢献しない会社なんて、存在価値がありません。果敢に投資を続ける会社、経費を使い続けて成長し続ける企業こそが、私たちの生活を豊かにし、国の経済発展にも貢献する、必要とされる会社なのです。

このように、**投資をせずにお金を貯めるばかりの会社や守銭奴が世にはびこると、経済が淀《よど》んでしまって国が繁栄しなくなります。**そこで彼らに課したのが税金という名のペナルティーです。

「お金をたくさん使って世の中に貢献しなさい、そうすれば節税になりますよ。さもなくば税金という罰金を取り立てます！」という真に理にかなった仕組みといえるでしょう。

それなのに悪いイメージが付きまとうのは、節税という言葉の響きがよくないからかもしれません。お金を社会のために活かすのだから、「節税」ではなく「金活」と呼べばいいのに……。

ということで、真実を知っている私たちだけでも、胸を張って金活という社会貢献活動を積極的に行いましょう。

## プライベートカンパニーの税金はたったの7万円だけ

ではどうすれば、節税という社会貢献を効果的に行えるのか？

その答えが「プライベートカンパニーの活用」です。なぜなら、個人事業では経費とならない場合でも、プライベートカンパニーが事業のためにお金を使えば経費となって節税できるからです。

「節税になるのなら、どんどんお金を使ってしまえ！」と思うのが人というもの。おまけに**使えば使うだけ、売上が増えてお金が懐に流れ込んでくる**のですからなおさらです。


百聞は一見にしかず。プライベートカンパニーを使うと、具体的にどのくらい節税できるのかを見てみましょう。

まず社長に支払う役員報酬、出張手当、福利厚生費、社宅借上費は経費になります。個人事業ではいずれも経費にはなりません。したがって、こうした経費が年間300万円かかったとすると、個人事業では税法上300万円も余分に利益が出たとみなされます。税金は利益に対してかけられるので、個人事業のほうがたくさん税金を支払うのです。

たとえば、地方でよく見かける【図2－1】のようなアパートを1棟経営する場合で考えてみましょう（夫がサラリーマンで、妻がアパートを経営）。アパート経営に必要な経費はプライベートカンパニーも個人所有も同じです。この例だと、家賃収入540万円に対して約280万円の経費がかかります。

個人事業では、所得の基礎控除38万円と青色申告特別控除65万円を差し引いても24万円が課税されます。一方、**プライベートカンパニーでは社長の給料や社宅費を経費にできるので、7万円の法人住民税しかかかりません。**

**もし同じようなアパートを4棟持っていたら、税額の差は7倍の120万円に拡大します。**たった1年でこれだけの差。事業の規模は年々拡大するので、プライベートカンパニーの手もとに残るお金はみるみる膨らんでいく。

このカラクリに気づいている大家さんは利益がマイナスになるまで経費を使って節税し、不動産投資を拡大し続けます。だから実際の資産は巨大な雪だるまのように、もっともっと成長していき、個人事業と法人の保有資産の差は見た目以上になります。

さらに**法人では社長の退職金も経費ですが、個人の事業主では経費になりません。**退職金は「最終月額報酬×通算勤続年数×功績倍率」で計算されるので馬鹿になりません。親族への給料も法人では経費ですが、個人事業では限られた場合にしか経費になりません。

**赤字を翌年以降に繰り越す節税方法も、個人事業では3年が限度です。ところが法人では9年も繰り越せます。**そのため、建物や設備を購入して赤字を増やし、9年間節税し続けることも可能です。

また、個人の所得は10種類に細かく分けられていて、それぞれの間では損益通算ができません。損益通算とは、たとえば株やFXで500万円損した人が500万円の給料を稼いだとしても、トータルの儲けは0円なので税金もかかりません、という考え方です。

〈前提条件〉
地方高利回り木造アパート
アパート棟数　1棟
年間家賃　5,400,000円
土地評価額　12,000,000円
建物評価額　15,000,000円
表面利回り　20%

単位：円

| | プライベートカンパニー（以下PC） | 個人事業 | |
|---|---|---|---|
| 家賃収入 | 5,400,000 | 5,400,000 | |
| 減価償却費 | 681,818 | 681,818 | 木造耐用年数22年 |
| 管理費その他 | 360,000 | 360,000 | 管理費5%、5年に1回入退去 |
| 固定資産税等 | 295,000 | 295,000 | |
| 支払利息 | 378,000 | 378,000 | 借入残高を物件評価額の7割、金利2%と仮定 |
| その他販売管理費 | 1,080,000 | 1,080,000 | 家賃収入の2割で計算 |
| **共通経費小計** | **2,794,818** | **2,794,818** | **←経費が約280万円** |
| 役員報酬（社長分） | 1,000,000 | 0 | 税金等がかからない100万円以下で支給 |
| 社宅費差額 | 1,200,000 | 0 | 家賃月額20万ー社宅家賃10万円 |
| 福利厚生費 | 170,000 | 0 | 社内規定に基づく福利厚生費 |
| 出張手当 | 240,000 | 0 | 5,000円×月4回×12か月 |
| **PC固有経費小計** | **2,610,000** | **0** | **←PCではさらに261万円の経費がかかるので節税できるが、実際には妻の手もとにキャッシュとして残る** |
| 課税所得 | 0 | 1,575,182 | |
| 所得税 | 0 | 78,759 | 復興税考慮せず |
| 住民税 | 70,000 | 162,518 | |
| 事業税 | 0 | 0 | |
| **税金総額** | **70,000** | **241,277** | **←個人事業では24万円課税されるが、PCでは7万円しか課税されない** |

**図2-1　プライベートカンパニーと個人事業の比較**

ところが**個人の場合には損益通算できないので、仮に株で1000万円の大損をしたとしても、所得からは容赦なく所得税と住民税が引かれてしまいます。**

これに対して**法人ではすべての収入を損益通算できるので、1000万円の利益が出た年に妻（＝社長）に退職金1000万円を支払うと、儲けがなかったとみなされて、税金を0円にすることができます。**

個人ではどうあがいても不可能だった裏ワザを、プライベートカンパニーでは手軽に駆使できるようになるのです。

そしてなんと、法人の優位性はこうした目に見えるものだけではありません。

たとえば車を法人名義で所有すると、車についての出費はすべて法人が事業のために使った経費とみなされます。ところが個人事業では、プライベートで車を使った瞬間に経費から外れます。

なぜそこまで差別されるのか不思議に思って、先日、知り合いの税理士に聞いてみたところ、個人では事業と家計が混ざるけれど、法人の支出は事業用しかありえないから、と言っていました。

**税法という法制度だけではなく、行政の運営までもが個人事業に対しては厳しく、法人に対しては寛容になっていた**のです。

## 遠慮はいらない、利益がゼロになるまで大胆にお金を使いなさい

このようにプライベートカンパニーでは副業の収入増のためにお金を使えて、結果的に節税もできて、経済の活性化にまで貢献できます。そうであれば、お金が続く限り最大限の投資をする、つまり経費としてお金を使うべきなのです。

そこで、**毎年の利益がゼロになるまでお金を使ってしまいましょう。**考えられる具体例を示しますので、参考にしてみてください。

・子どもにプライベートカンパニーの事業を手伝わせて、バイト代を払う。

子どもはそのバイト代で学費を支払って、残りをお小遣いとして使う。子どもはお金の活きた使い方を学べるし、GDPの拡大にも貢献します。

・親にプライベートカンパニーの事業を手伝ってもらい、バイト代を払う。親はそれを年金の足しにしたり、遊興費や孫への小遣いに充てたりする。親子の絆《きずな》も深まるし、親は新たな生き甲斐《がい》を見つけるでしょう。

・妻（＝社長）のスキルアップや自己啓発のため、質の高いセミナーに参加して本も惜しみなく買う。自己啓発を通じて、妻は専業主婦とは違う切り口で社会とつながれるでしょう。

・事業に必要な道具をケチらず、洗練された道具を使って仕事の質をとことん高める。品質のよい道具は国産品が多いはずなので、内需拡大にも寄与します。

・取引先とのランチミーティング、同業他社（投資仲間、事業仲間、趣味仲間）との情報交換のためのランチミーティングをたくさん開く。そうすると、ここで得た情報やパイプが、翌月以降の売上と利益を運んできます。

・難しいことやあなたが苦手なことを専門家にアウトソースする。浮いた時間を自分たちの得意分野に専念して、コアとなる仕事の効率とクオリティを高めることができます。

・大家業であれば、中古の戸建てやアパートを買って入居者に喜ばれるリフォームを施す。自主管理をせずに管理会社に管理を委託し、修繕についても信頼できるパートナーを見つけて任せる。

・後ほど話すセーフティ共済のような仕組みに掛金を支払って、他の小規模企業の資金繰りに協力する。

・事業のネタを探すために、日本全国、世界各国を飛び回る。大家業であれば、気に入った物件を買う前に必ず現地を視察します。そのついでに、近場の観光地や温泉に立ち寄ることも可能です。

これらはほんの一例ですが、こうした支出を有効に行うことでプライベートカンパニーの資産規模は成長し、プライベートカンパニーのお客さんにも喜んでもらえて、さらにご縁のある取引先の懐も潤って、我が国の経済も活性化し、結果として税収も増えます。近江商人が理想とした三方一両得（ｗｉｎ－ｗｉｎ－ｗｉｎの関係）という社会貢献が実現するのです。

## 数字に強い人より会計がわかる人のほうが幸せになれる

お金を使うことで社会に貢献できて、結果的に節税もできるということは何となくわかった。でも、お金を使ってしまうと手もとにお金が残らなくなるのではないのか?――とくに数字に強い人ほど、お金は使わないほうがいいと考える傾向にあるようです。私たちも起業当初はそう思っていました。

ところが実際には、お金を使ってもお金は手もとに残ります。なぜなら、それがお金の本質だから。そして、財務や会計もそんな仕組みになっているからです。

「経費としてお金を使う」と聞いただけで、**「お金が出て行くのだから、お金が減ってしまって大変だ!」と心配される方は、お金の本質を理解できていません。**

第1章で、お金の使い方には3種類あるとお話ししました。投資と消費と浪費でしたね。そしてじつは「経費」とは、「投資」のことを指しているのです。

なぜ会社が経費という名のお金を使うのかというと、それが将来の売上という形で何倍にも膨らんで戻ってくるからです。世間では「お金がお金を生む」

とか「お金を働かせる」と呼んでいます。先ほど、経費とは将来の売上を増やすための「種まきの費用」だと言いましたが、このことを意味しているのです。

たとえば人件費は代表的な経費ですが、人件費を支払うことで社員は健康で人間的な生活を送れて、翌月もそのまた翌月も会社のために一所懸命に働くことができるようになります。そしてそれが会社の売上や利益を伸ばすことにつながります。**逆に人件費をケチってしまうと売上も利益も伸び悩みます。**

工場などの設備投資もこれと同じ。お金を使って必要な設備投資を行ってメンテナンスを続けるからこそ、品質の高い商品を安定供給できて、売上を伸ばすことができるのです。

妻と私が手がける大家業も然《しか》り。経費を使って建物を良好に保ち続けているから入居者さんが喜んでくださり、家賃を支払ってくださるのです。入居者を紹介してくれた不動産仲介業者さんに手数料や謝礼もケチらずに支払っているから、次のお客さんへとつながる。

交通費も会議費も交際費もすべてそう。経費には本来ムダなものなんてありません。すべてが明日の売上や利益となって舞い戻るのです。だから、経費を使ってもお金はなくならない、いやむしろお金は増え続ける。

もちろん、経費名目で誰の役にも立たないことにお金を使えば、それは「浪費」です。誰の役にも立たない以上、感謝の気持ちであるお金はいただけないので売上も増えません。

そもそも浪費は浪費であって経費ではありません。

このように、**誰かの役に立つことにお金を使う限り、そのお金は経費であり投資なので必ず増えて戻ってきます。**逆に経費をケチって使わないとお金はどんどん減っていきます。

そしてじつは、会社の家計簿である財務諸表にはこの仕組みが如実に反映されています。

## 財務諸表が教えてくれる共産主義が失敗した理由

資産や負債などを見える化した貸借対照表、費用と収益を見える化した損益計算書、そしてお金の出入りを見える化したキャッシュフロー計算書のことを、財務諸表と言います。

貸借対照表と損益計算書は完成形は別々の表ですが、集計段階では元々一体になっていて切っても切れない関係にあるので、会計を学ぶ際には【図2-2】のようにつなぎ合わせて残高試算表という形にします。

左側に資産と費用が、右側に負債と純資産と収益が並んで、トータルで見ると左右の合計金額が同額になっています。

これが何を意味するかお気づきですか？

なんと、**左に載っている費用（経費）と資産は同じ性質のものだ**、ということを意味しているのです。

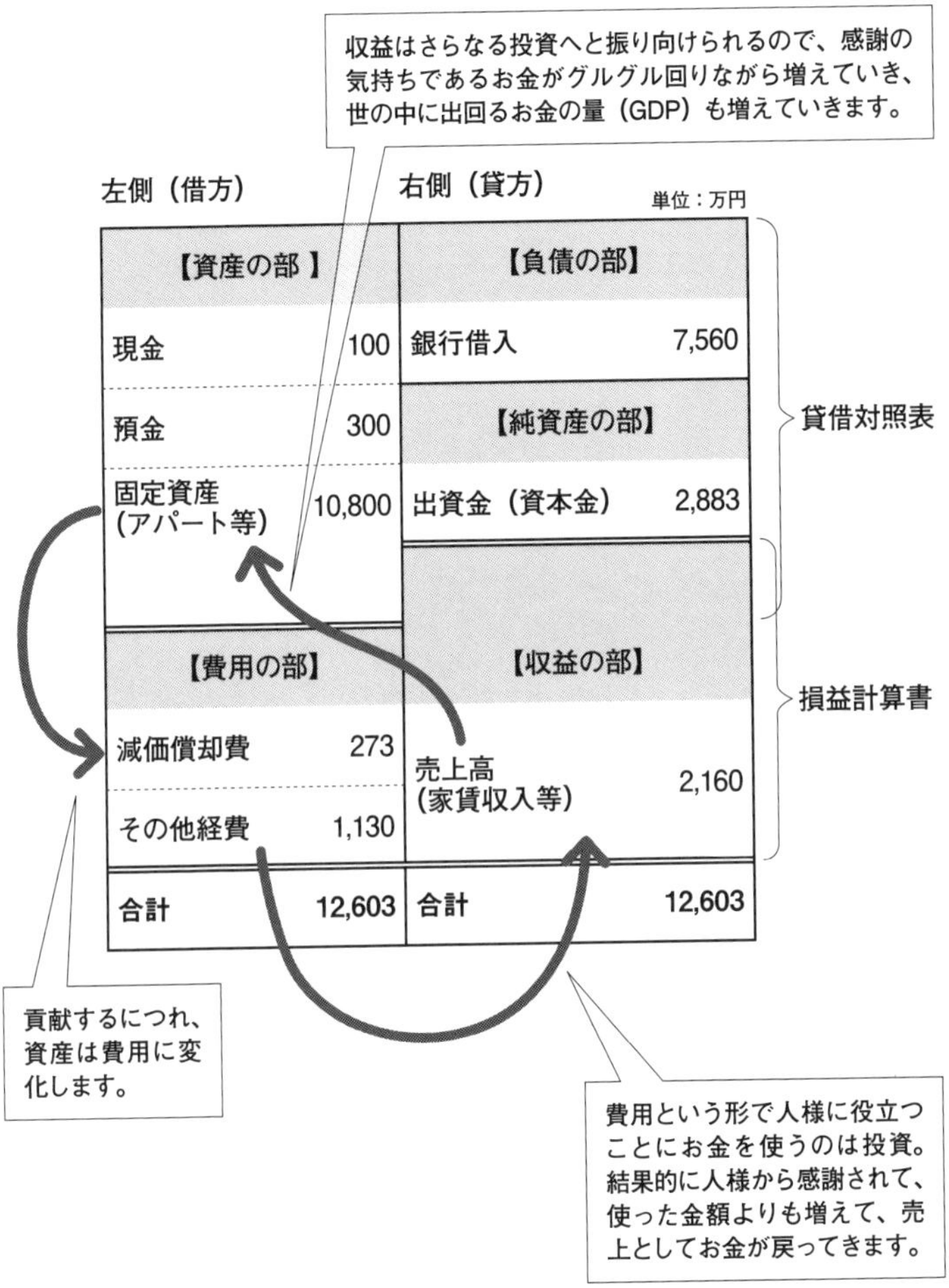
収益はさらなる投資へと振り向けられるので、感謝の気持ちであるお金がグルグル回りながら増えていき、世の中に出回るお金の量（GDP）も増えていきます。
左側（借方）
右側（貸方）
単位：万円
【資産の部】
現金 100
預金 300
固定資産（アパート等） 10,800
【費用の部】
減価償却費 273
その他経費 1,130
合計 12,603
【負債の部】
銀行借入 7,560
【純資産の部】
出資金（資本金） 2,883
【収益の部】
売上高（家賃収入等） 2,160
合計 12,603
貸借対照表
損益計算書
貢献するにつれ、資産は費用に変化します。
費用という形で人様に役立つことにお金を使うのは投資。結果的に人様から感謝されて、使った金額よりも増えて、売上としてお金が戻ってきます。

**図 2-2　残高試算表**

わかりやすい例が、大家業の必須アイテムであるアパート。アパートの建物は資産なので図の左側に載っています。そのアパートを入居者さんのために活用すると時間が経つにつれ老朽化して価値が減ります。

価値が減るということを会計用語で減価償却と呼びます。建物という資産の価値が減り、それが真下の減価償却費という経費へと姿を変えていく。そして、入居者さんは減価償却費（費用）を上回る家賃（収益）を支払ってくださる。まさに経費が収益を生み出す瞬間です。

だからこそ、資産と費用は図の左で同じものとして扱われているのです。見方を変えると、**いずれ経費へと姿を変えて社会に貢献し収益を生み出すもののことを、私たちは資産と呼んでいた**わけです。

これとは反対に、右側は銀行からの借入のような負債です。借入に対しては利息を支払わなければなりませんし、借りた元本も返さなければなりません。純資産は主に資本金なのですが、資本金の出資者に対しては配当金を支払わなければなりません。つまり、どちらもお金が出て行く科目だということです。

事業を始めるときには、図の右の資本金（自己資金）や借入金に頼ってお金を集めます。それらを図の左の経費や資産に変えて新たな価値を生み出して社会に貢献し、お金を増やしていく。

これが会計から見えてくる「お金が増える仕組み」です。お金は天から降って来ないので、お金を経費（投資）として使いながらグルグルと回し続ける以外にお金を増やす方法はありません。

**社会主義や共産主義は、「グルグル回さなければお金は増えない」ということに気づいていませんでした。**お金を回さず分配することしか考えていなかったのです。だから経済を成長させることができません。

これに対して資本主義は、お金を人様のために使って（＝投資）、グルグル回していくことを前提としています。だから感謝の気持ちであるお金がどんどん増えていったのです。

## 通帳とクレジット明細を帳簿代わりにすると決算が驚くほど楽になる

ところで、会計とか財務という分野は、馴染《なじ》みのない人にとっては何のことかサッパリ理解できない世界です。私も銀行に入って企業への融資を担当するまでは何のことかまったくわかりませんでした。いえ、正しくは、妻と一緒に大家業をやってみて初めて本質を理解できるようになったのです。

こう言うと、やはり本当は難しいのでは、と思われるかもしれませんが、何とかなります。まず、プライベートカンパニーの決算作業自体は意外と簡単です。なぜなら、**日ごろのお金の流れは、通帳の入出金の内容とクレジットカード明細とで管理できるから。**これをその都度、**会計ソフトに打ち込むだけで決算書はできあがってしまいます。**

会計ソフトによっては、決算書を作るときに税務申告書も一緒に作ってくれます（弥生会計、会計王など）。パソコンのない時代でしたら、こんな難しいことはできなかったでしょう。

このように会計や財務の知識が乏しくてもパソコンと会計ソフトさえあれば実際には何とかなります。とはいえ、基礎的なレベルでかまわないので、会計についての理解を深めておきましょう。

会計の基礎を知ることで「お金の本質」を感覚的に理解できるようになるからです。その結果、あなたのビジネスはもっともっと順調にうまくいくようになります。

会計とはお金の世界の言葉です。言葉を知らないと、私たちはコミュニケーションを円滑に取れなくなって社会生活に困ります。同じように、**会計の基礎を知らないと、お金との間のコミュニケーションが取れなくなるので、お金のやりくりを上手にできなくなる**のです。

だから、最低限の会計知識だけはぜひ身につけてください。そして、そのために何が必要なのか、おすすめの本を巻末で紹介します。

## 無料で税金相談にのってくれる心強いコンサルタントがいる

税金も、私たち個人にとってはわかりにくい分野です。でも、小さな会社用の簡単な節税本を読めば大丈夫。その中でもとくに大切なことについては、この本と前著でひと通りお話ししました。

それよりもむしろ悩ましいのは確定申告です。節税の大切さはわかったし実践もできたけど、どうやって確定申告を行えばいいのかわからない、というのが本音ではないでしょうか。

正直なところ私たちも最初は何もわかりませんでしたし、**いまでもズブの素人です。そして実際にはなんと、それでも大丈夫なのです。**なぜなら、納税者が正しく確定申告をして納税することを、税務署が本気で願っているからです。

素人が税務署の窓口に行くと嫌な顔をされたのは、いまとなっては昔のこと。

確定申告書類を作成してみてわからないことがあれば、税務署の相談コーナーの相談員が親切に教えてくれます。

私と妻も最初は何もわからなかったので、決算書から数字を転記して作った確定申告書類を相談窓口に持参して、恐る恐る質問してみました。そうしたら**手取り足取り懇切丁寧に教えていただけて、拍子抜けするくらい簡単に初めての確定申告ができてしまった**のです。

一度教えてもらうと、2回目からは前の書類を見ながら同じように作れるので意外と簡単です。しかも最近の会計ソフトは確定申告書類まで作ってくれるので、思いのほか楽ちんです。

こうして私たちは決算作業と確定申告を税理士の手を借りずにこなしてきました。一度だけ、欠損金の繰越計算を間違えて修正申告したことがありましたが、税務署員の方が電話で親切に教えてくださったので、スムーズに終えられました。

このように、確定申告についてはその道のプロである税務署の職員に聞けば、マルサのイメージとは裏腹に親切に教えてもらえますので、ご安心ください。怖がらずに相談してみましょう。

## プライベートカンパニーは迷わず合同会社にしなさい

会社というと世間では株式会社のことを指します。有名企業はほとんどが株式会社ですし、会社勤めの人のほとんどは株式会社に勤めています。

でも、プライベートカンパニーは合同会社です。プライベートカンパニーとはその名の通り私的な会社です。車にたとえると合同会社は軽自動車で、株式会社は大型トレーラーのようなもの。**マイカーを買うときに、トレーラーを買う人なんて1人もいません。**

もちろん、資本金を大々的に集めて、従業員を大勢雇って、事業を手広く展開するのなら、株式会社のほうが圧倒的に有利でしょう。でも、妻社長メソッドで取り組むのは副業です。副業である以上、手間暇も経費もかからない合同会社以外には考えられません。

合同会社の特徴を一言で言うと「いいとこ取り」です。株式会社のいい所と個人事業のいい所を両方兼ね備えているからです。

株式会社のいい所は何と言っても節税しやすい点ですが、合同会社でもこのメリットは同じです。個人と違って、経費にできる範囲が広くて9年間の赤字繰り越しや損益通算もできる、ということはすでにお話しした通りです。

このように**合同会社は株式会社の優位性をすべて備えています。その一方で、個人事業のように小回りが利くので、一度使うと手放せません。**

たとえば株式会社と違って株主総会は不要ですし、決算報告義務もないので手間暇がかかりません。株式会社では決算報告を官報に載せなければならないので掲載費用6万円が毎年かかりますが、合同会社ではいずれも不要です。従業員ゼロで社長1人の会社にしてしまえば、後でお話しするように厚生年金と健康保険の掛金を抑えることも可能です。会社を設立するときも公証役場での認証手続きが不要なので楽ちんですし、設立費用は株式会社の20万円に対して6万円台でおさまります。

これに対して合同会社のデメリットとしてよく挙げられるのは、株式会社と比べて認知度が低いとか、**社長の正式呼称が代表取締役ではなく代表社員**だということです。でも、そんなのは些細《ささい》なこと。

法務省の白書（登記統計表）によると、合同会社の設立件数は年々増加していて、とくに最近の増加件数はすごいです。合同会社の使い勝手のよさが世の中に少しずつ知られてきたからでしょう。

## そもそも会社設立は自分でやる必要ない！

合同会社は株式会社より簡単に作れるので、素人の私たちには本当に助かります。具体的には次のように設立します。

最初に市役所や区役所に行って、住民基本台帳カードを電子証明書として登録してもらいます（手数料1000円）。**このあたりは役所に行くと全部やってくれます。**また、その住民基本台帳カードをパソコンに読み込ませるためのICカードリーダライタを家電量販店やネット通販などで購入しておきましょう（1500円前後）。

次に、インターネットで「電子定款」のひな形を検索して、これをワードなどで加工し、プライベートカンパニーの電子定款を作ります（巻末248〜249ページ参照）。そして、Foxit J-Reader のような無料PDFリーダーをダウンロードして、この電子定款をPDF化（電子文書化）します。

このPDFという電子文書に電子署名をするためのPDF署名プラグインソフトと登記申請用の申請用総合ソフトを、法務省のウェブサイト「登記ねっと」からダウンロードして、登記を申請していく、という流れです（平成27年4月現在）。

住民基本台帳カードの発行と電子証明書登録に1時間、ICカードリーダライタを使ってネットで登記申請するまでの時間が1時間、事前準備に1時間と考えて、**3時間程度あればプライベートカンパニーの申請手続きができてしまう**わけです。

私と妻も、ネットで検索してヒットした行政書士のサイトを参考に、見よう見まねでやってみたのですが、それほど苦労をせずにできてしまいました。

ただ、どの定款を参考にすればよいかとか、自分たちの事業内容を具体的にどう書けばよいかとか、いろいろ考え始めると時間がかかります。しかも、お役所まわりのネット手続きは微妙な変化を繰り返していますし、マニュアルもわかりにくくて不親切です。

そこでおすすめなのが、「会社設立ひとりでできるもん」(https://www.hitodeki.com)のような会社設立サポートのサービスを活用する方法。先ほどのような正攻法で合同会社を設立する場合、合計で6万3000〜6万5000円程度の実費がかかりますが、「会社設立ひとりでできるもん」を使った場合には、6万5000円ですべての手続きが完了します(平成27年4月現在)。情報入力から定款印刷・登記申請書印刷まで、会社設立の専門知識のない人でも、手軽に法人の設立が行えてしまうのです。

**何よりもすばらしいのは、一度登録したデータが「会社設立ひとりでできるもん」のサーバー上で保管される点**です。将来的に出資者が変更になったり、住所が変わったりした際に、このデータを使って簡単に変更手続きができてしまいます。会社設立時と比較して、登記事項の変更手続きは異常に煩雑なので、このメリットは半端じゃありません。

## 書いてしまうと口座が作れなくなる定款作成時のタブーとは？

合同会社の設立手続きはこのように簡単なのですが、その際にいくつか気をつけて欲しいことがあります。

1つ目は資本金です。

前著で詳しくお話ししましたが、**特別の事情がなければ３００万円未満にし**てください。

2つ目は定款に載せる事業目的です。

定款とは、会社の基本的なルールを文書化したものです。ここにはすぐやる副業の他に、将来やりたい副業も書いたほうがいいのですが、**国や都道府県の許認可が必要な事業（許認可事業）だけは絶対に書かないでください。**不動産仲介業や古物商（アンティークショップ）のような事業がそれにあたります。

不動産仲介とかアンティークショップなどと書いてしまうと、許認可証がなければプライベートカンパニーの預金口座が作れないのです。私の妻の会社では、「不動産の賃貸及び管理運営業務」としか書きませんでしたが、**赤い大きな銀行と青い大きな銀行から「許認可証がない」と言われて預金口座の開設を断られてしまいました。**

そもそも、大家業のような不動産賃貸業では、不動産仲介業と違って許認可は必要ありません。したがって、担当した赤と青の銀行員が無知なだけだったのですが、裏を返すと口座を作るときの銀行のチェックは厳しい、ということもわかります。妻は、緑の銀行でようやく口座を作れましたが、許認可が必要な副業は絶対に書いてはいけない、ということを学ぶことができました。

ちなみにお金を銀行から借りる場合、通常はその銀行に普通預金口座を作りますが、日本政策金融公庫のような公的金融機関には口座がありません。そこで、**公的金融機関からお金を借りる場合には、ゆうちょ銀行での口座開設をおすすめします。**

なぜなら、ゆうちょ銀行では法人の場合でもインターネットバンキングを手数料無料で使えるからです。社長や従業員の給料振込口座をゆうちょ銀行に作っておけば、振込手数料も無料です。しかも、従業員が30名以上であれば毎月無料で自動振替もしてくれます。

## 副業禁止規定にひっかからずプライベートカンパニーの社員になる方法

気をつけてほしいことの3つ目は、「社員」と「業務執行社員」の決め方です。

合同会社では、お金を出す人（出資者）のことを「社員」と呼んでいます。

株式会社の株主と同じです。株式会社では出資者である株主と、会社を経営する役員とを分けて考えます。ところが合同会社では、出資者である社員が同時に経営者にもなってしまいます。

したがって、**夫と妻の両方が出資すると、2人とも「社員」として合同会社**

**の共同経営者になるため、サラリーマンの夫は会社の副業禁止規定にひっかかります。**

**そこでこの場合には、妻を「業務執行社員」として、「社員」である夫と明確に区別します。**業務執行社員とは出資者兼経営者のことで、株式会社の代表取締役に似ていると思ってください。そうすると夫は何もしなくても、自動的にただの出資者に格下げされて経営者から外されます。

同じように、相続税対策のために子どもを出資者に連ねる場合にも、親を「業務執行社員」にすれば大丈夫です。

なお、**効果的な相続をめざすなら子どもが100パーセント出資するのが理想なのですが、その場合には親を業務執行社員にできなくなり何かと不便です。**ですから、親も出資したほうがよいでしょう。出資は1円からできます。

こうして無事に合同会社を設立できたら、今度は❶法人設立届出書、❷青色申告の承認申請書、❸減価償却資産の償却方法の届出書、❹給与支払事務所等の開設・移転・廃止届出書、❺源泉所得税の納期の特例の承認に関する申請書、という5種類の書類を提出します（250〜256ページ参照）。

いかめしい名前の書類ですが、中身はたいしたことはありません。すべてA4サイズの用紙1枚で簡単な書式です。ひな形をダウンロードして住所などを手書きして郵送すれば大丈夫ですので、1時間もあれば完了します。

会社所在地の税務署にこの5種類とも提出して、都道府県と市区町村には❶だけ出せば完了です。提出期限が一番短い書類に合わせて、法人設立後1か月以内にまとめて提出しましょう。

なお、「会社設立ひとりでできるもん」では、こうした書類の作成も無料でサポートしているようです（平成27年4月現在）。

## こうすれば社会保険料を払わなくても妻に年金が支給される

プライベートカンパニーを作ったときに気になるのは社会保険です。我が国は国民皆保険と国民皆年金をかかげて全国民に社会保険への加入を義務付けていますので、公的な年金保険と健康保険への加入は必須です。

**日本年金機構の資料には「社長1人しかいない場合であっても法人であれば強制加入となります」と書いてあります。**

しかし一方で、**厚生年金保険法では常時従業員を使用する場合に社会保険の適用事業所とする旨定めています。**

たとえば株式会社では、社長と会社は委任契約の関係にあります。委任とは、他人（会社）のために労務やサービスを提供する契約で、雇用のような従属的関係が認められない契約です。

つまり、社長は雇用契約を結んだ従業員（使用人）にはあたりません。また、合同会社の社長は社長自身が業務執行者ですから、雇用関係のある従業員ではありません。

要するに、**社長1人だけなら常時従業員を使用していないので、社会保険の適用事業所にならない**はずです。

にもかかわらず、日本年金機構は「社長は従業員」と解釈して、通達でその旨の指示を出しています。念のため、最寄りの年金事務所の窓口で確認したのですが、やはり全国一律に「社長は従業員」であると解釈しているとのことでした。

旧社会保険庁のころから、彼らはグリーンピアという赤字垂れ流しの保養施設を作って年金資産を浪費したり、運用で失敗して損失を膨らませたり、ずさんな管理で年金不払いを続けてきましたが、**法律の解釈や運用についてもずさんだった**のです。

そもそも社会保障の制度は、資本主義が発達する過程で労働者を守るために生まれた制度です。つまり、資本家や経営者のための制度ではありません。それゆえ、厚生年金保険法の第1条に「この法律は、労働者の老齢、障害又は死亡について保険給付を行い、労働者およびその遺族の生活の安定と福祉の向上に寄与することを目的とする」と明記されています。

つまり、**条文の文言だけでなく、制度の生い立ちと立法趣旨から考えても、「社長は従業員」と曲解する余地はありません。**我が国は、国会で成立した法律に基づいて行政が行われる法治国家です。立法趣旨から逸脱した勝手な拡大解釈を行うことは禁じています。

今後、日本年金機構は加入逃れが疑われる全事業所に文書や電話で厚生年金への加入を求めていく方針だそうです。たしかに、従業員がいるにもかかわらず加入逃れをしている事業所の件数は膨大なので、それ自体は正しい対応だと思います。ガンガンやって欲しいくらいです。

しかしもし、**社長１人の事業所に対してまで同じスタンスで臨むなら、それこそ法令違反**ですから、おそらく強行手段は取れない、と私は踏んでいます。

何年か前に私たち夫婦のプライベートカンパニー宛にも、厚生年金に加入しない理由を尋ねる書状が届いたので、正論を書いて返信したのですが、その後は何も言ってきませんでした。

とはいえ、個人起業家は少数派ですので、政治的な力がありません。そこで、**社会保険の強制適用事業所と認定された場合に備えて、社長が被保険者にならないようにしておきましょう。**

少なくとも、給料をもらっていなければ、被保険者とはなりません。そして、給料をもらっているか否かは、所得税が源泉徴収されているか否かで判断されます。

給料が100万円以下であれば、所得税も住民税もかかりませんから源泉徴収もされません。だから、**妻社長への年間の報酬額を100万円以下に抑えておけばよい**のです（その代わりプライベートカンパニーにお金が貯まるので、妻は100万円以上の収入をもらっているのと同じことになる）。そうすれば結果的に、妻本人が社会保険料を支払わなくても年金は支給されます。

現実的にも、妻の給料が100万円以下であれば、妻は夫の会社の健康保険や国民年金に加入することになりますから、国民皆保険・皆年金という国の方針には沿っています。

また、サラリーマンの配偶者は年収が130万円未満であれば国民年金の第3号被保険者にあたるので、年金掛金の支払いを免除されています。せっかくの特典ですから、それを放棄する必要はありません。サラリーマンは税制面で一番損をしているのですし、そのくらいのメリットはあってもよいでしょう。

なお、**夫婦ともにサラリーマンでない場合には、2人そろって国民年金に加入するよりもプライベートカンパニーで厚生年金に加入するほうが有利**ですので、必ず試算してみてください。

## 元本保証の高利回り運用と退職金の積み立てを同時に行える制度

サラリーマン夫の妻には退職金がありません。退職金は年金のような社会保障ではないのでしかたのないこと。そのため、妻の退職金は自分で賄うしかないのですが、じつはこれに打ってつけの制度があります。それは小規模企業共済というすごい制度です。

小規模企業共済とは、国が作った「経営者のための退職金制度」です。何がすごいかというと、**退職金の積立額を所得から全額控除できるので、衝撃的な節税が可能になる**のです。

掛金は毎月7万円まで掛けられるので、年間84万円まで所得から控除されて税金がかかりません。したがって、妻がプライベートカンパニーからもらう給料は、先ほどの100万円と小規模企業共済の掛金84万円との合計で、年間184万円まで税金がかからないのです。

プライベートカンパニーにとっては妻に払う184万円の給料は全額損金扱いになるので、損益通算で184万円分の利益に対しても税金がかかりません。

驚くのはここから。この低金利のご時世に、共済金掛金の利率は1・0パーセントという高金利での運用が予定されているのです。実際のところ、平成25年度までの**過去9年間の運用実績は平均で2・05パーセント**と、ファンドマネージャー顔負けのハイパフォーマンスでした。

元本保証で一番金利が高い円建ての運用商品は日本国債ですが、その10年物でさえ0・5パーセント程度の低い金利しかつきませんので、小規模企業共済がどれだけすごいかおわかりいただけると思います。

加えて毎年1年分をまとめて納めると、さらに0・5パーセントほど得をするというおまけつきです。トータルで考えると、**過去9年間の運用実績は2・5パーセントだった**ということになります。

これは10年国債の5倍以上の運用実績にあたります。

独立行政法人中小企業基盤整備機構という経済産業省の外郭団体が運営する退職金制度ですから、実質的に元本は保証されているようなものです。**こんなに安全で、節税効果が高くて、利回りが高い仕組みは、この制度の他には1つしか存在しません。**

## 中小企業を助けながら安全に資金運用できるすごい仕組み

そのもう1つのすごい仕組みが、経営セーフティ共済です。

経営セーフティ共済とは、取引先の予期せぬ倒産による連鎖倒産から中小企業を守る制度で、小規模企業共済と同じように中小企業基盤整備機構が運営しています。

月額20万円まで掛金を掛けられるのですが、払い込んだ掛金は税法上、法人の場合は損金、個人の場合は必要経費に算入できるので、年間240万円までの節税が可能です。

つまり小規模企業共済やその他の控除も合わせると、**合計で424万円もの節税が可能になる**というわけです。

ちなみに個人事業の場合、不動産所得のような事業所得以外の収入は必要経費としての損金算入が認められませんが、プライベートカンパニーは法人ですのでこうした制約もありません。

40か月以上経てばいつでも任意解約をして100パーセント返してもらえますので、妻社長の退職金代わりにも使えます。

さらにすごいのは、**前納制度を使うと年利3・25パーセントで運用できる**点です。これだけの高利回りの運用と節税とをまとめて実現できる商品や仕組みには、そう滅多にはお目にかかれないでしょう。

そして、何よりもすばらしいのは、この共済金掛金を支払うことで、社会貢献ができるということ。

**大手銀行による中小企業いじめは日常茶飯事です。**中小企業が資金繰りに困ったときには、大手銀行はあっさりと見捨てます。だから、弱い者同士で互いに助け合うしかないのです。それを制度として実現しているのですから、経営セーフティ共済は、すばらしい制度だと思いませんか?

ちなみに、小規模企業共済も経営セーフティ共済もメインバンクの窓口で申し込むことができます。プライベートカンパニーを作ったら、忘れずに申し込みましょう。

## 日本だけでなく世界もプライベートカンパニーを必要としている

なぜこんなすごい制度があるのかというと、我が国は99・7パーセントが小規模企業という「小規模企業の国」だからです。

ご存じアベノミクスの第3の矢は「民間投資を喚起する成長戦略」です。その主人公とは？　もちろん99・7パーセントを占める小規模企業に決まっています。そして小規模企業＝地方経済です。だから地方創生が声高に叫ばれているというわけ。

つまり、日本再生のためには、小規模企業の「稼ぐ力」が強化されなければなりません。その大役を担っているのが経済産業省であり、先鋒《せんぽう》を担うのが中小企業庁や中小企業基盤整備機構です。

彼らの本気度は中小企業庁が作ったポータルサイト「ミラサポ」(https://www.mirasapo.jp)を見るとよくわかります。**お役所が作ったとは思えないくらい洗練されていて、コンテンツも充実。**

たとえば難しくてわかりにくい補助金について、わかりやすく書き直されていて、検索から申請手続きまですべてミラサポで完結できます。

また、その道10年以上のプロによるアドバイスを年間3回まで無料で受けられるすごいサービスもあります。逆に、もしあなたが何かのプロであれば、ミラサポに専門家として登録すると、時給5000円で仕事が舞い込むという仕組みになっているので、まさに一石二鳥。

しかも、売上拡大、経営改善など、経営上のあらゆるお悩みの相談に対応する「よろず支援拠点」というサービス拠点を全国展開するという力の入れようです。

その他、多種多様な起業支援セミナーを紹介したり開催したりしているので、見ているだけでワクワクします。中小企業庁長官官房参事役のY氏によると、こうしたサービスは**主婦が自分で作った食材を販売するような超プチプチ事業まで射程に収めている**とのこと。とてもよくできた制度だし、すべて私たちが納めた税金で維持されているので、活用しない手はありません。

日本と同じように、中小企業が経済を支えている国がもう1つあります。EUの盟主ドイツです。ドイツには「ミッテルスタンド」と呼ばれる中小企業群があって、じつにドイツ企業の99・5パーセントがこうした企業群です。

2000年代前半のドイツ経済の成長率は先進国中最低レベルで、「欧州の病人」とまで言われていました。それがこの10年間で「ミラクル」と呼ばれる復活劇を実現。ユーロ安による輸出の拡大のおかげといわれます。でも、それを後ろから支えたのがミッテルスタンドだったのです。

**ミッテルスタンドは元々家族経営のオーナー企業。小粒ながらオンリーワンのノウハウや技術を持ち、地方に根ざしながら雇用を維持することでスキルを維持し続けていた**ことが背景にありました。

こうしてドイツは復活を遂げたのですが、日本政府がこれを意識した政策を推し進める理由がよくわかります。

そして未来の日本のミッテルスタンドを担うのが、まさに「妻社長メソッド」でプチ起業するあなたです。

ピーター・ドラッカーと並ぶカリスマコンサルタントのトム・ピーターズによると、世界中が晒《さら》されているのは、不況や経済の低迷といった問題ではないとのこと。

それは大きな構造改革の初期状況なのであって、ロボットやコンピュータが今後さらに人間を駆逐していく前触れにすぎないそうです。

たしかに、**あの中国でさえ、製造業の雇用は過去20年間で25パーセントも下落しています。**大企業といえども雇用を維持するのは困難になりつつあるし、生き残りさえ厳しい時代が始まりつつあるわけです。

だからこそ、今後唯一生き残れるのは中小企業なのです。その成功モデルとなるのがドイツであり、そしてこれからの私たちなのです。

【第3章】

# 妻も楽しめるプライベートビジネスの進め方

超実践編

## 「プライベートビジネスの王道」を歩むために不可欠な2つの要素

プライベートビジネスとは、夫婦で協力しながらも、妻が中心に取り組む副業のことです。これに「お金の本質＝感謝の気持ち」というエッセンスをふりかけて導き出されるのが、成功するプライベートビジネスの5条件です。

❶小さな金額から始められること
❷利他的なビジネスであること
❸簡単に学べて再現性があり、片手間で手軽にできること
❹家事の合間にできて、無理なく続けられること
❺他人任せにしないで、妻がコントロールできること

この5条件こそ**「プライベートビジネスの王道」**です。これさえ満たせば、インターネットビジネスや個人輸入など、理屈の上ではどんな副業であっても

かまいません。

しかし、あなたが選んだ副業が5条件を満たしていても、現実的にはまだまだ不十分です。なぜなら、その王道を実際に歩き続けなければならないからです。そして、歩き続けるためには、その副業に対する「熱意」と「情熱」が不可欠です。

もし**その副業が、あなたや妻にとってまったく興味がないことだったら、当たり前ですが長続きはしません。**

つまり、王道を歩き続けるためにも、あなたや家族の趣味や特技を副業にするのが一番理想的だといえます。得意なことや趣味であれば、その分野の知識や経験、ノウハウやコツ、人脈なども多少はあるでしょう。

学ぶ姿勢を崩さずに、常に謙虚な姿勢を保ちながら技を磨き続ければ、プライベートビジネスも順調に育っていくはずです。

## 趣味や特技がない人でもできる究極の副業はこれだ

問題は、熱意や情熱を持って取り組めることや、特技や趣味がない場合です。副業として活かせるものが何もない場合には、プライベートビジネスを諦めざるをえないのでしょうか?

私が知るかぎり、そういった人におすすめできる副業が1つだけあります。

それは「大家業」です。

なぜなら、**大家業とはさまざまな趣味や特技、関心事などが混ざり合った集合体**だからです。

たとえば、趣味とまではいかないが日曜大工やDIYが好きだ、という人に大家業は打ってつけです。なぜなら、中古の物件を買って修繕して貸し出すというリノベーション大家になれるからです。子どものころに図工とか工作・技術・美術が好きだった人は、リノベーション大家の予備軍と言えます。

いろいろな街を見て歩いたり、散歩したりするのが好きな人は、不動産物件探しをするのにぴったりです。物件探しにかこつけて、いろいろな街を見て回れます。気に入った街に自分の不動産を持てる喜びはひとしおです。

旅行好きの方にも大家業は持って来いです。物件探しをしながら日本全国を旅することができるからです。好きな旅行先で物件を買えれば、その地への旅費は出張旅費にできます。

グルメの方にも大家業は最適です。おもしろい物件を見つけたら、物件見学がてら近所のおいしいお店を攻略する楽しみができます。

バックパッカーの方は、アパートを旅行者向けに提供することで、ご自身の経験とアイデアが活かせます。

オートバイや自転車が大好きな人は、バイク好きや自転車愛好家向けにガレージを改造できるアパートを探すとおもしろいでしょう。

犬や猫が好きな人であれば、犬好きや猫好き専用のアパートを経営するというのもいいですね。

料理好きであれば、ボロ屋を改装して厨房《ちゅうぼう》を工夫したシェアハウスにすれば、あなたも入居者と一緒に楽しめます。

このようにプロ並みの趣味や特技がない場合でも、大家業だったら何か自分たちが関心のあることと組み合わせることが十分に可能です。

私と妻も人気の観光地である北海道と九州をしっかりと押さえているので、**物件視察に行きながら、最寄りの温泉宿に宿泊したり、ご当地グルメを楽しんだりしています。**

## 少子高齢化・人口減少も怖くない！対応策が無尽蔵にあるので

ちなみに、今後は少子高齢化が進むから大家業は難しいと言う人がいます。

たしかに人口が減ると家が余るので、空き家も増えるし地価も下がります。

でもそれは、過疎地で顕著に現れる現象であって、三大都市圏や地方中核都市では緩慢です。しかも、世帯数は人口ほどには減らないので、影響は限定的です。

**人口減の影響で空室になるのは、過疎地の一軒家や交通の便が悪いマンション、それと一部屋が20平方メートル以下のワンルームマンションなのです。**

それに、後ほど詳しくお話ししますが、大家業は何もアパート経営だけではありません。私たちが所有する不動産も大半が商業用の不動産です。また、日本国内に縛られる必要もありません。たとえば、先進国で唯一今後も人口が増え続けるアメリカで不動産を購入して賃貸してもよいのです。アメリカでは築年数ではなく立地で不動産価値が決まるので、日本のように老朽化が原因で価値が下がることもありませんし、税制面で破格のメリットもあります。

遠方の不動産を買ってしまうと、なかなか見に行けないので初心者は不安かもしれませんが、後ほどお話しするような優良な管理会社とパートナーを組むことでその不安を払拭できます。

むしろ、**自分たちだけで管理しようとすると24時間３６５日対応しなければ**

**ならなくなり、かえって入居者に迷惑をかけてしまいます。**そのため、遠方だろうが近場だろうが、あまり関係ないのです。

それでも不安だという人は、**自分の出身地や実家に近い不動産を選べば安心です。**アパートであればインターネットを導入して、廊下などの共用部分に監視カメラを設置するという奥の手も使えます。

このように、一口に大家業と言ってもさまざまなバリエーションがありますし、課題に対する対応策も無尽蔵なので、心配ご無用です。

## 持ち家派でも賃貸派でもない第3の選択とは？

あなたがいま住んでいるのは持ち家ですか？　それとも賃貸ですか？

マイホームに対する考え方は、昔から「持ち家派」と「賃貸派」に分かれており、現在、日本人の4人に3人が持ち家派と言われています。

持ち家派は「自分のものにならないのに家賃を支払い続けるのはもったいない。家は資産になるし老後も安心だから持ち家のほうがいい」と、所有に軸足を置いて考えます。

これに対して賃貸派は「借りたほうが家族構成や仕事の状況に合わせて臨機応変に住み替えられて自由度が高い。老後は施設に入る可能性もあるのだから賃貸で十分」と、使用をベースに考えます。

どっちが得かは、神学論争さながら決着がついていませんが、**お金が増えるか減るかという観点では〝どっちもどっち〟です。**なぜなら、どちらも自分と家族のために家を買ったり借りたりしているから。

自分のためにお金を使うことは消費だ、と第1章でお話ししました。だから持ち家派も賃貸派も「家を消費している」にすぎません。消費している以上、人様からは感謝されないのでお金は増えない。家を買っても借りても、それだけでは裕福になれないのです。

ただ、新築の持ち家については幻のラッピング代金を余分に支払う浪費ですので、そもそも論外でした。このように、基本に立ち返ってシンプルに考えると簡単です。

**そもそもマイホームは住むための場所であって、資産形成のために買うものではありません。**もちろん場所とタイミングによっては値段が上がって得することがあるかもしれませんが、それをピンポイントで予測することは神業です。しかも人口が減るにつれて大半の地域で地価が下がりますから、値上がり益を期待する発想自体が危険です。高度成長期のような特殊な時代ならまだしも、この先私たちが生きている間は期待できそうにありません。

しかし一方で、生きるうえで住居の問題を避けては通れません。興味があろうとなかろうと、住居とは縁が切れないわけです。

そこで、どうせ家を買うか借りるかせざるをえないのなら、いっそのこと大家になってしまえ！　というのが私の持論です。これを私は「大家派の考え方」と呼んでいます。

大家派は、自由度が高い賃貸派の合理性を認めつつ、資産形成のためにまずは収益不動産を購入すべき、と考えます。マイホームの購入は後回しです。なぜなら、不動産で二兎を追うことは無謀だから。1つの不動産で、自分が住んで、資産形成も成し遂げる、両取りなんて都合がよすぎます。

ちなみに**大家業とは不動産賃貸業のことですが、細かな不動産知識は不要です。**むしろこの後お話しするポイントを押さえ、実践しながら体得するのが近道です。

完璧主義は百害あって一利なし。原理原則を大事にして、自分の目で見て、自分の手で触って、自分の頭で考えることこそが大切です。

なお、この後も基本的には私と妻が大家業で実践して学んだことをベースに話を続けますが、すべて原理原則に基づいているので、その他の大家業以外のプライベートビジネスに取り組む場合にも参考になるはずです。

## 利回り15パーセントのアパートが30パーセントになった種と仕掛け

大家業をすれば誰でもお金持ちになれる、わけではありません。前著でも触れたように、利他的に取り組まないとお金の流れは止まります。

**私と妻が最初に購入したのは地方中核都市の地下鉄徒歩圏にある中古木造アパートでした。** 当時はお金がなかったので、フリーマーケットやネットオークションで稼ぎながら浪費を抑え、300万円の種銭を作り、2000万円もの借金をして買ったのです。ロフト付き1Kが12室ある単身者向けの物件なのですが、購入当時は半分の6室しか埋まっていませんでした。

銀行預金では、元本に対して1年間に支払われる利息のことを金利と呼びますが、アパートなどの不動産では購入価格に対する年間家賃収入の割合を利回りと呼びます。

大雑把な目安として、利回りが12パーセント以上の不動産には合格点が付けられるのですが、このアパートも15パーセントの利回りがありましたから、半分空室であっても合格点です。とはいえ、半分も空室のままで放置するのは浪費にあたるので、何とかしなければなりません。

さて、このアパートをどう運営すれば6人の住人は喜ぶのだろう……。どうすれば空室6部屋が埋まるだろうか……。私たちは意見をぶつけながら考えました。

**前の大家さんが何部屋かを自宅代わりに使っていた特殊なアパートで、手入れもされていません。**壁も床も天井も窓もドアもヤニで黄ばんでタバコ臭が充満しています。黄ばんだ窓から差し込む陽《ひ》の光は、古びたステンドグラスさながら室内を黄色く染めました。ロフトの柵やハシゴもぐらついていて、ペンキもボロボロ。キッチンのカウンターテーブルもフローリングも朽ちていました。水洗トイレなのになぜかウジ虫だらけ。部屋によっては残置物《ざんちぶつ》が散乱していますし、外壁も傷んで穴だらけ。これでは部屋が埋まるわけがありません。

そこでまずは人が住めるレベルまで修理をして、掃除をすることから始めました。

もちろん、**お金がないので外注はできません。頼れるのは身内だけですから、土日は家族総出で大修繕&大掃除です。**水回りは妻の担当で、便器に手を突っ込んでヤスリで汚れを落とします。パネルで出窓を補修したり、外壁の穴と隙間をパテで埋めたり、柵やハシゴや台所をペンキで塗ったりと、できることは何でもやりました。さらに無線LANを入れ無料で利用できるようにして、入居者に喜んでもらえるアパートへと変えたのです。

すると、6室あった空き部屋はすべて埋まり、利回り15パーセントのアパートを利回り30パーセントのアパートとして再生することができました。

ここまで来ると、あとはわらしべ長者の世界です。このアパートが生み出すお金を種銭に、ロードサイド型の小さな店舗を手に入れました。さらにアパートと店舗からの収入を元に、テナントビルや倉庫、低層マンション、中規模ロードサイド型店舗へと投資を拡大。アパート用に仕入れた土地を高値で転売する幸運にも恵まれて、何とかここまで来ることができました。

改めて振り返ってみて、気づいたことがあります。それは、「避けるべき物件」に目もくれず、「3つの大切なこと」を実践したからいまがある、ということ。そこで、この「避けるべき物件」と「3つの大切なこと」について、もう少し具体的にお話ししたいと思います。

## ワンルームマンションであなたの人生はゲームオーバー

「避けるべき物件」とは、**❶幻でラッピングされた物件**、**❷資産家層をターゲットにした物件**、**❸節税できない物件**、の3つです。なぜなら、いずれも裕福になれないか、なれたとしても時間がかかる物件だからです。

大家業に興味を持った途端に目に飛び込むのは新聞広告です。なかでも目につくのは区分所有ワンルームマンションへの投資。セミナー案内や本のプレゼントなど、初心者にとっては興味深い内容が目白押しです。

私も参加してわかったのですが、講師の話がおもしろいので、ついつい引き込まれます。そして、いまを逃すともう手に入らないというおすすめ物件をセミナー後の相談会で紹介され、気がついたら不動産オーナーになっていた、というシナリオ通りのハッピーエンドが待っています(ワンルーム業者にとって)。

でも、**ワンルームマンションへの投資で経済的に自由になった人を私は知りません。**私が知らないだけかもしれませんが、**理屈の上でも裕福になることは困難です。**

なぜなら、ワンルームマンションとは「幻でラッピングされた物件」だからです。

広告やチラシ上では「家賃収入だけでローンを返済できる」と錯覚するよう

な数字と形容詞が躍っていますが、それこそまさに〝幻〟です。それは、購入費用から管理費や修繕積立金、諸々の手数料や税金まで、すべての費用が0円という絶対ありえない前提をもとに計算しているから。

集めたチラシをもとに細かく試算したことがあります（【図3】）。「将来の年金不安に備えましょう」という合言葉のもと、彼らは35年の超優遇金利で計算しているので、私もそれに倣ってみました。

すると、**35年間で支出は4800万円に達する勢いなのに、収入は2500万円にも満たなかった**のです。差し引き2300万円のマイナスです。年金以外に3000万円の老後資金が必要だからワンルームを買ったのに、逆に2300万円が消えてしまう。しめて5300万円の老後資金が足りないと気づいたときには、あなたと妻の人生はすでにゲームオーバーです。

手もとに不動産が残るから大丈夫、と言いたいところですが、築35年のワンルームマンションにいかほどの価値があるでしょう。失った2300万円を補えるのか、はなはだ疑問です。売って現金化しようにも、老朽化したワンルームを欲しがる人なんてどこにもいません。

私の試算は、借入金利を35年で2・5パーセントという超優遇レートで計算していますので、実際の支出はもっと大きくなります。だから、損失額ももっと拡大します。

それなのに**「ローン金利がワンルームマンションの利回りを上回っても大丈夫！」と書かれたワンルーム業者の本を見て、一瞬我が目を疑ってしまいました。**なぜなら、借入額が物件購入価格の3分の1で計算されていたからです。

新築ワンルームは見かけ上の利回り（ランニングコストを考慮しない利回り）が4～5パーセント台のものが多いのですが、それでは話になりません。中古のワンルームの中にはたまに10パーセント以上のものもありますが、それでも厳しいと思います。

そもそも、**銀行はワンルームに手を出す人を相手にしません。**

単位：万円

| | 支出 | | 収入 |
|---|---|---|---|
| マンション購入価格 | 2,300 | 家賃収入 | 2,772 |
| 購入時諸費用 | 230 | 空室率 10% | -277 |
| マンション管理費（毎月 7,000 円） | 294 | | |
| 修繕積立金（毎月 7,000 円） | 294 | | |
| 管理会社への手数料（家賃の 5%） | 125 | | |
| 仲介手数料・広告料・内装リフォーム | 186 | | |
| 借入金利（35 年で 2.5%） | 1,154 | | |
| 固定資産税・都市計画税 | 175 | | |
| **35 年間の支出合計** | **4,758** | **収入合計** | **2,495** |

〈前提条件〉
都内のワンルームマンション
専有面積 25㎡
新築当初の表面利回り 4.3%（⇒新築時の家賃収入 8 万円 / 月）
マンション管理費月額　300 円 /㎡
修繕積立金等月額　300 円 /㎡
4 年に 1 度入退去が発生
仲介手数料 1 か月分のほか謝礼としての広告費 2 か月分発生
内装リフォームは 4 年に 1 度 10 万円
家賃については、年平均 1 %程度の下落を想定
管理会社への管理手数料は家賃の 5%
入退去時も含めた空室率 10%

**図 3　ワンルームマンション　35 年間の収支シミュレーション**

なぜなら、資産価値がないどころか、ランニングコストが高すぎて家賃収入だけでは借入金を返済できない、と知っているからです。それどころか、**「ワンルームマンションのオーナー」という事実だけで、銀行員はその人の資質を疑います。**

ワンルームを10室以上持つと個人事業でも事業的規模と認定されて税制上のメリットがあるのですが、その規模まで広げたオーナーは悲惨です。財布に穴が開いたようにお金が消えていきますし、手間もかかって精神的にもつらくなるので、本業や家事に支障をきたしてしまうでしょう。

せっかく第1歩を踏み出したとしても、ワンルームマンションに手を出した瞬間に一巻の終わりなのです。掘り出しもののワンルームを見つけて上手に転売できればいいのですが、たしかな情報ルートと卓越した嗅覚がないと無理ですから、素人が副業として取り組むには限界があります。

このようにワンルームマンションとは「幻でラッピングされた物件」の代表例です。

**大家業に限らず、あなたのまわりには幻でラッピングされたものや投資商品、事業が山ほどあふれています。**プライベートビジネスを始める際は、そういったものに惑わされず、必ず自分の頭で考えることが必要です。

## なぜ、金持ち以外は一等地を買ってはいけないのか？

資産価値が低いワンルームマンションは論外として、億ションのような資産価値が高い物件なら大丈夫なのでしょうか？

たしかにこのような物件は資産価値が下がりにくいのですが、それでも私たちが買うべき物件ではありません。なぜならそれは、「避けるべき物件」の2つ目「資産家層をターゲットにした物件」だからです。

2015年から相続税が増税になりました。そこで注目されているのが都心のタワーマンションを活用した相続税対策なのですが、これは最低でも数億円規模の資産を持っている人にしか効きません。

しかも、一等地の物件を買っても資産は増えません。なぜなら、資産を減らしたくない資産家の需要が多く値段が高いからです。**値段が高くても家賃が増えるわけではないので、高いお金を支払って買っても手もとのお金は増えない**のです。

収益性を度外視して現金購入できる資産家と競争したところで、勝ち目はありません。どんなに資産価値が高くても、家賃収入で借入金を返済できない資産なんて、図体ばかりでかくて燃費の悪い昔のアメ車のようなもの。

大手ハウスメーカーが地主向けに売り込む新築の賃貸用物件にも手を出してはいけません。なぜならそれは地主という資産家層をターゲットにした物件だからです。

大手ハウスメーカーの賃貸用物件は新築マイホーム並みにグレードが高く、土地持ちの地主でなければ資金が回りません。新築分譲マンション同様にムダなラッピングが随所に施されていて、結局は大手ハウスメーカーだけが得をする仕組みになっているのです。

大手ハウスメーカーが力を入れている商品には、賃貸併用住宅もあります。二世帯住宅の一種で、1階が賃貸向け、2階がオーナー向けになっているものや、2階建てのメゾネットが長屋のように繋がったタイプのものなど、いろいろなバリエーションがあります。賃貸住宅からの収入で自宅の住宅ローンも返済できるという触れ込みなのですが、**これを買うとワンルーム同様に逃げ道がなくなります。**

そもそも大手ハウスメーカーの住宅はグレードが高いので、地主が自分の土地に建てても収支はトントン。半分が自宅なら家賃収入も半分ですから、トータルではもちろんマイナスです。

しかも、賃貸併用住宅や二世帯住宅は不人気なので売るに売れず、一戸建ての7掛けでしか買い手がつかないのです。**それを知る銀行は住宅ローンを貸し渋ります。**資産家のように個人属性がよい人は別として、担保価値が低い分だけ融資限度額も下がるのです。

資産家層への売り込み手法には「一括借り上げシステム」というものもあります。「アパート経営は面倒だから、わしゃ嫌いだ」という資産家向けに考えられたシステムで、ハウスメーカーが新築した後に、その関連会社が相場の9掛けで一括借り上げするという仕組みです。

しかしその場合、管理費や手数料として家賃の15パーセントを抜き取られます。一方、管理会社に管理を委託すれば管理手数料は5パーセントで済むので、一括借り上げシステムにはメリットがありません。

この他にも、入居状況に関係なく家賃を支払ってくれる「家賃保証」という制度もありますが、保証額は定期的に見直されますし、家賃相当額が新築物件の購入代金に含まれていることが多いので、私たちが損をする点では同じです。

要はすべてを丸投げしてしまうと、ろくなことがないということです。

**お金が感謝の気持ちである以上、一番貢献した人の懐に流れていくのは当然です。**自分で考えることも、行動することも、判断することも、コントロールすることもすべて放棄した瞬間に、お金はあなた以外の人の手もとに流れていくのです。

## 初心者には荷が重すぎるコンクリート造の物件

「避けるべき物件」の3番目は「節税できない物件」です。

第2章でお話ししたように、経費としてお金を使えば日本の経済の活性化に役立ちますので、社会貢献になります。結果としてお金が巡り巡って増えて手もとに戻りますし、節税にもなります。裏を返すと、節税できる物件以外には手を出してはいけないのです。

そして節税できない代表が鉄筋コンクリート造（RC造）の建物です。なぜなら、**RC造の建物は、建築費を47年という長い期間で割って細切れにする形でしか経費化できないから**です。

経費として認められる金額が少ないので納税額が大きく膨らみ、新たな投資にお金を回す余裕がなくなってしまいます。

また、ＲＣ造の建物は地価の高い一等地に建てられることが多いので、避けるべき物件の２番目にもひっかかります。しかも、えてして高層建築になりがちですから、防災上の設備やエレベーター、揚水ポンプ、高架水槽などを完備しなければならず、元々高い建築単価がさらに跳ね上がります。

毎年80万円もかかるエレベーターの保守管理費をはじめとして、外壁や配管など大規模修繕のコストも膨らむし、固定資産税も莫大です。**初心者が副業として手がけるには荷が重すぎる**のです。

唯一の例外は、売主さんの事情で安くても早く売らなければならない中古物件ですが、表に出る前に売れてなくなります。

そもそもＲＣ造は、公共施設やホテル、分譲マンションのような巨大構造物向けの仕様です。小型の賃貸マンション向きではありません。ＲＣ造のほうが銀行からの借入期間を長く設定できますが、そのためにRC造を選ぶのは本末転倒というもの。長く借りられても節税できずに維持費も高くついて資金繰りが行き詰まるのであれば意味がありません。

RC造の数億円のマンション1棟を、自己資金なしの全額借入で購入する投資手法が一時期はやりましたが、初心者はやめるべきです。

こうして「避けるべき物件」を消していくと、都市圏近郊か地方都市にある中古の木造、または鉄骨造しか残りません。都内や横浜で最寄り駅徒歩数分の利回り10パーセントという新築木造アパートもなくはないのですが、限られた人のもとにしか情報が届きません。

そこで、**最初の第1歩は投資金額が少なくて、自由度が高く、コントロールしやすくて、節税もしやすく、お金が貯まりやすい物件、つまり木造中古が一番無難**ということになります。

私と妻も最初の1件目は築15年の木造中古のアパートから始めました。最初の1歩を木造中古でスタートしたからこそ、2歩目、3歩目……と歩幅を徐々に広げながら前へ前へと歩み続けられたのです。

## これから大家をめざす人に一戸建て木造中古住宅をすすめる13の理由

何をするにも必ず踏むべき手順、つまり定石があります。大家業も例外ではありません。まずは木造の一戸建てもしくはアパートから始めてみましょう。それが軌道に乗ったら2歩目へと踏み出しましょう。

私たちの場合、**最初のアパートにて漏水・漏電、家賃踏み倒しなど多くの経験を積むことができました。**現場での経験を通じて実践的に学んだほか、信頼できる事業パートナーに恵まれたおかげで、2歩目以降は大胆な案件にも取り組むことができるようになりました。

しつこいですが、初めて大家業をする方は、最初は小さな1歩から始めましょう。土地値で買える戸建てでも数百万円と高額ですから、無理をしてはいけません。

もし今、私が何も経験がない状態で始めるとしたら、おそらく一戸建ての木造住宅から始めるはずです。なぜなら、**木造中古の一戸建てには次のように、ありとあらゆるメリットが凝縮されている**からです。

・空き家問題がクローズアップされることで、安価な中古住宅が手に入る。
・首都圏近郊でさえ５００万円以下の木造中古の一戸建てが入手可能。
・木造の戸建てはコストをかけずにリフォームすることができる。
・自分たちがそこで暮らしながら少しずつ修繕することもできる。
・ファミリー層の需要だけでなく、シェアハウスのような活用もできる。
・共用部分がないので大家側には電気代や掃除代がかからない。
・入退去があまり発生しないので、手間もコストもかからない。
・減価償却費として経費化しやすいので節税になり、固定資産税も少ない。
・入居者が見つからなくても、マイホーム用の物件として転売できる。
・最終的に取り壊す場合でも、解体費用が安く済む。

・日本政策金融公庫から無担保で借入するという奥の手を使えることがある。
・民間銀行の住宅ローンを活用するという裏の手を使える場合がある。
・空き家対策という国策にマッチしていて、社会への貢献度合いが大きい。

大家仲間の1人「パート主婦大家なっちー」こと舛添菜穂子さんは、これらのアドバンテージを上手に活かし、種銭で買った350万円の物件を皮切りに4年半で5棟の一戸建てを入手しました。すべて270~380万円の地元千葉もしくは出身地大阪の物件で、利回りも20パーセント以上と良好です（『パート主婦、〝戸建て大家さん〟はじめました！』ごま書房新社）。

## ネット上の不動産情報には売約済の「客寄せパンダ」が多い

狙うべき物件のイメージはつかんでもらえたと思います。そこで今度は、具体的にどんな物件が売りに出ているのか、まずはインターネットで調べてみましょう。

ネット上には見きれないほど膨大な不動産情報があふれています。したがって、一戸建てなのかアパートなのか、場所は首都圏近郊なのか地方都市なのか、予算はいくらなのか、条件を絞ってから検索します。

多くの不動産投資家が活用するウェブサイトは「健美家」と「楽待」ですが、一戸建てを探すなら「Yahoo! 不動産」や「アットホーム」、あるいは「ホームズ」のほうが掘り出しものに出合えます。

**普通は「中古一戸建て」というジャンルで検索しますが、「土地」のジャンルでも探してください。** なぜなら、「古屋付き土地」として土地値で売られていることがあるからです。

少し手を加えて賃貸に回せれば、国が推し進める空き家対策にも貢献できるし、安い家賃で借りられるので入居者にも喜ばれます。何より、あなた自身のリスクが少なくて済みます。

慣れている人はこれらのサイトで見つけた物件を、さらに「不動産ジャパン」というサイトでも探してフィルターにかけます。なぜかというと、**ネット上の不動産情報には売約済の「客寄せパンダ」が多い**からです。

この点、不動産ジャパンの情報の大半は本物です。しかも、直接売主から依頼された元付業者の情報であることが多いので安心です。

**不動産仲介の業界は不思議な世界で、元付業者でないのに自社の取扱物件であるかのごとくネットに載せることが許されています。**でも、その業者に仲介を依頼すると複数の仲介業者が間に入るので、売買がスムーズに進みません。しかも、手取りを減らしたくない元付業者は直接の買主を優先します。つまり、本当に欲しい物件については、元付業者に依頼したほうが話が早いのです。

ただし、これからお話しするように、信頼できる仲介業者さんができた場合には、この限りではありません。

## 家賃トラブルで学んだ
## プライベートビジネスの必勝法則

「避けるべき物件」は見栄えがいいのでついつい目が眩みますが、慣れると自然に無視できます。それよりも、2つ目のポイント「3つの大切なこと」のほうに、しっかりと取り組みましょう。

それは、**❶信頼できる仲介業者と管理会社、金融機関を見つけること、❷フレキシブルに対応すること、❸最初の半歩を踏み出す行動力を持つこと**、の3点です。

不動産会社には、売買物件を紹介してくれる「仲介業者」と、アパートの管理全般を大家に代わって代行してくれる「管理会社」があります。

最初のうちは「物件ありき」のスタンスで、仲介業者から物件情報を集めます。そして、収支計算をして条件が合いそうな物件だけを見に行く、という地道な行動を繰り返します。

こうして仲介業者とコンタクトをとり続けるうちに、あなたが探す物件のイメージを嗅ぎ分けて、希望に近い物件を案内してくれる担当者が現れます。その人の紹介で成約すれば、しめたもの。生涯の事業パートナーとなる可能性が高まります。

私たちにも、そんな人が何人かいましたが、そのうちのお1人Kさんとは一生涯のお付き合いになりそうです。

知り合った当時はまだ20代で若い方だったのですが、とても誠実で信頼できる人でした。事情があって不動産業界から一度離れたのですが、人徳と実力はウソをつきません。彼を信頼する大家さんたちの要望に応えて復帰し、30代前半で独立しました。

テナントビルなどの管理を彼にお任せしていますが、もし彼がいなければいまの私たちはなかったと思います。

じつはそのテナントビルを購入するときに、私たちは大ピンチに見舞われました。**売買契約の前日に、メインテナントが仲介業者の担当（社長の息子）に**

**対して「家賃を下げないと退去します」という話を切り出していたのです。**ところが、担当はその事実を軽視して、私たちにそのことを話してくれなかったのです。

購入後に、妻がメインテナントに挨拶の電話を入れた際に「家賃引き下げの件はいかがですか?」と質問されて、真っ青になりました。なぜなら、**家賃を下げると、当初予定していた収支が崩れて銀行への返済ができなくなるから**です。想定していた収支は「幻」だったことになります。だからといって家賃を下げなかったことが原因でテナントに出て行かれては元も子もありません。そしてそもそも、もしそんな事実がわかっていたら、最初からこの物件を買わなかったはずです。

そこで、なぜ、そんな大切なことを事前に知らせてくれなかったのかと担当者に詰め寄りました。しかし、「よくあることだ」の一点張りで、どこ吹く風です。父親である社長もだんまりを決め込むありさまで、仲介手数料さえもらってしまえばこっちのもの、という態度が見え見えでした。

知人の弁護士に相談したところ、このケースは法律的には「動機の錯誤」といって、契約を取り消すことができないのだそうです。実際に退去して実損が発生したときに損害賠償を請求するしかないとのこと。それよりは、退去されないような工夫をしたほうが現実的とのことでした。

こうして途方に暮れていたら、タイミングよく先ほどのKさんが不動産業界に復帰したことを知り、彼に管理業務を依頼しました。

彼は、足しげくそのテナントの責任者のもとに通って不満を吸い上げて、矢継ぎ早に対応策を打ってくださいました。それがテナントからの厚い信頼に繋がり、家賃を維持したまま入居していただくことで決着したのです。

私たちは幸いにもKさんに救われましたが、この一件で「仲介業者は信頼できる人に限る」という教訓を心に刻みつけたのです。

これは何も大家業に限った話ではありません。**どんな事業をするにしても、必ず仕入先や業務委託先のように関わりを持つ相手が出てきます。そんなパー**

**トナーを信頼できるメンバーで固めることができれば、あなたのビジネスも盤石になります。**

信頼できるパートナーがいると千人力です。**私たちが物件を購入する際には、Kさんがカバーしている地域であれば、必ず彼に相談しています。**保有している物件を売却する際にもKさん経由ですので、安心してよい取引ができます。ということで、物件情報を収集しながらでかまいませんので、信頼できる不動産パートナーを探すことにも力を入れましょう。

## 武田信玄が教えてくれる管理会社のチェックポイント

初めて買ったアパートの管理会社は、品のない残念な会社でした。管理がずさんなので、アパートも見るからに荒れています。その街では名の通った不動産会社だったのですが、その社員と話をすると明白です。

挨拶ができないのはもとより、言葉遣いも態度も服装も何もかもがクエスチヨンだらけだったのです。人は見た目が9割と言いますが、彼ら彼女らにアパートの管理や入居者募集を任せて大丈夫だろうか……、と一瞬で不安になりました。

その後、管理会社を変更したのは言うまでもありません。そんなレベルの会社でしたから、競合他社との競争に勝てなかったのでしょう。数年後には、全国展開している不動産会社に身売りしていました。

「人は城、人は石垣、人は堀……」

これは武田信玄の言葉ですが、この言葉の重みをいつもヒシヒシと感じます。企業も同じです。1人1人の従業員を見て、経営者や会社全体のレベルを推して知るべし。**あなたから見て、担当者が変であれば会社も変な会社ですし、入居者から見ても変なのです。**

もちろんこれは不動産業に限らず、あらゆる業種で言えることです。

大家業において不動産管理会社は仲介業者以上に大切な役割を果たします。

管理会社とその従業員次第で、建物の管理や設備のメンテナンス、入居者からの要望や不満への迅速な対応、延滞のない家賃回収に差が出るからです。

だからあなたも、管理会社には十分に目を光らせてください。**ずさんな管理を放置すると入居者が困ってしまい、利他的な運営ができなくなります。**

おかしいと思ったら、そのときが替え時です。

私たちは、先ほどのKさんの会社に管理を切り替えたのですが、歴代の担当者が責任感を持って対応してくださる方ばかりでしたので、安心して任せることができました。

## 自分の目で見て考えただけで500万円のムダが減った

管理会社が信頼できるところだったとしても、任せっぱなしの放置プレーはご法度です。

閑静な住宅街にある鉄骨造の低層マンションで、私たちが経験した出来事を紹介しましょう。このマンションのタイルが経年劣化で大量に剝がれかけたときのこと。外壁修繕業者の見積もりを見て目が丸くなりました。タイルの張り替えだけで700万円。相場を調べると確かにその通りなのですが、そうはいっても高額です。

**どう対処しようかと困り果てて、まずは状況を確認しに現地に出向きました。**

そして、タイルの剝がれている箇所と剝がれていない箇所をチェックしながら建物を見て回りました。

そこで、大切なことに気づいたのです。

なんと、タイルが剝がれている箇所はすべて通廊沿いだったのです。通廊以外の建物壁面のタイルにはまったく異常がありませんでした。そうであれば、通廊沿いのタイルだけを剝がして、サイディングという丈夫で安価な外壁に張り替えれば十分です。

こうして200万円で修繕工事を完了することができました。白いタイル地に映えた濃紺のサイディングがアクセントとなり、かえって見栄えのいい外観になりました。

もし、修繕業者の言うままにすべて張り替えていたら、500万円もムダな出費が増えていたでしょう。**信頼できる管理会社から紹介された修繕業者だったとしても、任せっぱなしにせずに自分たちの目で見て考えたからこそ、うまく切り抜けられた**のです。

なお、こうした建物の修理や設備・内装の修繕に関する工夫や着眼点については、街の本屋さんに並んでいる大家本の中でたくさん紹介されています。目からウロコのアイデアが満載ですし、即効性のあるノウハウも多いので、すぐに役立ちます。

巻末でこうした本もいくつか紹介しておきます。

## 現役銀行員がこっそり教える銀行の賢い利用法

仲介業者や管理会社と同様、金融機関との付き合い方も重要です。なぜなら、お金を借りられなければ不動産を買えないからです。裏を返すと、信頼できる仲介業者と管理会社、味方になってくれる金融機関さえそろえば、あなたが取り組む大家業はこの先ずっと安泰です。

結論からお話しすると、**一番使い勝手がいいのは日本政策金融公庫です。**日本政策金融公庫には国民生活事業という部門があって、昔の国民金融公庫（国金）のＤＮＡが引き継がれています。

中小零細企業や個人事業主にとっては最大の味方です。

担保付借入の場合には、借り入れ前に不動産を担保に入れなければならないので、不動産を現金で買えるだけの資金が手もとにないとダメなので不便ですが、その代わり無担保融資の制度が充実しています。一戸建ての中古を無担保融資で借りて資金を増やした後、次の物件を買うときに最初の物件を担保に入れて借りればいいのです。

弱者の味方という意味では、あなたの街の信用金庫や地方銀行もこれに準じる位置づけになるでしょう。

なぜなら、信用金庫や地方銀行のような中小金融機関は中小企業や一般個人をメインの顧客層と想定した金融機関だからです。私たちも地元の信金さんにはお世話になりました。

そのため、**融資に積極的な地元の信金や地銀を見つけておいて、あらかじめ定期預金取引などの実績を作っておく**ことをおすすめします。中小金融機関が貸出の判断をする際には、顧客との過去の取引実績を重視するからです。

一方で、意外と使えないのが財閥系の銀行です。**彼らは資産家と高額所得者にしか関心がありません。**彼らにとっての私たちは、金利の低い預金を集め、給料を返済原資とする住宅ローンを提供する相手でしかないのです。

その住宅ローンの融資条件についても、勤務先や年収などの個人属性をコンピュータに入力して機械的に計算します。したがって、大手銀行に預金をして取引実績を作っても永遠に報われません。ヘタに預金すると、手数料の高い投資信託や保険商品を巧みにセールスされてカモにされるので、くれぐれも気をつけましょう。

## 銀行がお金を貸したくなる事業計画書の書き方とは？

ところで、実際にお金を借りる際にカギを握るのが、借入申込時に提出する事業計画書です。銀行の貸出審査は紙ベースなので、Ａ４サイズの紙切れ数枚の中身次第で融資してもらえるかどうかが決まります。

そこで、必ず書くべきことと、絶対に書いてはいけないことをここで紹介しましょう。

**銀行は「貸したお金が約束通りに返済されるか否か」以外に興味はありませ**

**ん。**担当者は、回収できるかどうかにフォーカスしながら書類を作成し、融資を決める部署に回します。

だから、誰が見ても貸したお金が返ってくる、と思える書類を作らなければならないのです。つまりあなたがやるべきことは、担当者の書類作りに協力すること、それだけです。

ポイントは3つしかありません。**❶あなたが返済の約束を守る信頼できる人物であり、❷資金計画と収支予定表で返済できることがわかり、❸最悪でも担保や保証人から回収できること。**この3点がわかるように事業計画書を仕上げなければなりません。

大家業以外であっても、この3つのポイントは普遍的に当てはまる「鉄則」ですので、徹底的に頭と心と行動に染み込ませてください。

あなたが信頼に足る人物かどうかは、じつは融資担当者との面談時や書類の提出時にチェックされます。時間にルーズだったり書類が間違いだらけだったりすると、内容を見るまでもありません。とはいえ、まともな社会人であれば、ここでふるいおとされることはないでしょう。

また、自信なさげな態度もマイナスです。かといって、根拠のない自信や虚勢も逆効果ですので、ニュートラルな姿勢で落ち着いて向かい合いましょう。

事業計画書にも、あなたの信用力をにじませます。妻が社長で夫が保証人であれば、それぞれの略歴や収入、資産状況の記載は必須です。起業理念についてもしっかりとアピールしてください。

**資金計画については、具体的な使い道と使う時期および支払先を数字で示します。**その上で、売上と経費の中身を数字で説明し、借りたお金をきちんと返せることを数字で証明する。大切なのは数字で語ること。

担保物件については、万が一家賃で返済できなかった場合に売却して返さなければならないので、どのくらいの値段で売れるかを数字で示さなければなりません。それには、**周辺の売買取引事例のような実勢価格が参考になります。**

また、毎年国土交通省から発表される標準地や都道府県が発表する基準地という場所の地価も役に立ちます。これらはすべて、国土交通省が提供する「標準地・基準地検索システム」というウェブサービスの中で公開しています。近隣の取引事例もここで調べることができます。

その他に、固定資産税を支払う際の基準になる評価額や、相続税を計算するときの基準になる路線価も一緒に書いておきましょう。いずれも不動産の購入を検討する際に仲介業者さんが教えてくれます。

**絶対に書いていけないのは、「融資をしてくれたら御行に預金もします」というような銀行が独禁法違反を疑われる可能性がある文言や、「支店長とは個人的に親しくしています」というような、背任罪を疑われる可能性がある文言です。**専門用語で「歩《ぶ》積《づみ》両《りょう》建《だて》」とか「情実融資」と呼ばれていて、銀行の世界では一番嫌がられる行為です。

また、**日本政策金融公庫の場合には「投資」という単語がNGワード**だそうです。「投資」の代わりに「事業」という単語を使うようにしてください。

なお、同じ金融機関であっても、支店や担当者によって力量はピンキリですし、前向きに取り組んでくれる担当者とそうでない担当者がいます。大家仲間が大勢いると誰かが情報を持っているので、私たちも最新情報を収集してから、借入申込先を決めています。

その他、**情緒的な内容は融資の判断の役に立ちませんし、理性ではなく感情で行動する人だと誤解されてしまいますので、書かないほうが無難です。**

ということで百聞は一見にしかず、実際に私たちが作成した事業計画書を巻末に載せましたので、参考にしてみてください（258〜259ページ参照）。

## アパートを貸し出すだけが大家業ではない！

「3つの大切なこと」の2つ目は「フレキシブルに対応すること」でした。

大家業の場合だと、まっさきに連想されるのがアパート経営です。でもじつは、大家業ほど裾野が広いプライベートビジネスはありません。

ポピュラーなのはアパートやマンションを1棟まるごと買って貸し出すパターンですが、一戸建てや分譲マンションを買って貸すのも大家業ですし、シェアハウスや介護付きマンションの賃貸もそうです。物置小屋とかトランクルーム、コンテナや倉庫、駐車場の賃貸も大家業の一種です。私たちがメインに手がけているロードサイド型の店舗やテナントビルも同様です。船舶を1艘《そう》まるごと保有して海運会社に賃貸する船主さんも大家業の派生系。丸の内のビル群を所有している三菱地所のような巨大企業も大家業です。

このように、**高価なものを誰かに貸すことは総じて大家業でくくられます。**

どのタイプの大家をめざすにしても最初はお金がないので、木造中古の一戸建てから始めるのが無難でしょう。その場合でも、必ずしも物件を買わなければならないわけではありません。

たとえば年老いた親を引き取るか介護付きマンションに入ってもらい、実家の古屋を賃貸に出してもよいでしょう。同じように誰かが持て余している空き家を借りて、それを転貸する手法もありです。

その他にも、空き地を借りて、コンテナを置いてトランクルームとして貸したり、時間貸し駐車場やコイン洗車場にしたりする、空き店舗を借りてコインランドリーにする、ボロアパートを借りて改造し、バックパッカー向けの安宿にするなど、工夫次第で何でもありです。

大家仲間の1人「スッチー大家」こと上原ちづるさんは、人様の土地を借りてコインパーキングとして貸し出すことで莫大な収入を得ています。ご著書『コインパーキングで年1200万円儲ける方法』（ダイヤモンド社）を見ると、型にはまらずに工夫することの大切さがよくわかります。

このように、所有せずに借りて転貸する方法なら、自己資金が少なくても何とかなります。大家業は物件を買わずに取り組むことができる。**たとえ銀行からお金を借りられなくても、誰かが持て余している土地や建物を借りてきて、何か付加価値さえ付けてしまえば、大家業を始められるのです。**

さまざまなバリエーションがありますので、従来型の先入観に囚《とら》われずに、自由な発想でフレキシブルに取り組んでみましょう。

## ビジネスに必須の「3つの時」を見極めなさい

このように〝フレキシブル〟であることは大家業に大切なことですが、これは、ビジネス全般で「時」を見極める際にも大切です。なぜなら、「時」には「買い時」と「売り時」と「休み時」があるからです。

**売りたい人が多いときには買ってあげ、買いたい人が多いときには売ってあげる。これがお金の本質から導かれる鉄則です。**そのほうが感謝してもらえて、結果的に感謝の気持ちとしてのお金があなたの懐に流れてくるからです。

たとえば景気が悪いときには、買いたい人より売りたい人のほうが多いので、買主は感謝されて良質な物件を安価で手に入れられます。まさに「買い時」といえます。

逆に景気がいいときには誰もが買いたがるので、感謝の気持ちであるお金が売主にたくさん支払われます。まさに「売り時」です。

一方、景気がいいときは買主にとってはいい物件が手に入りにくいので「休み時」です。買い急ぐと高値づかみしますから、そのタイミングでの無理は禁物でしょう。むしろ、先ほどの例のように転貸可能な物件を見つけてくるほうが現実的です。

また、大家業を続けていると、手駒の中には思ったように活かせない物件が出てきます。そんなとき、**無理に何とかしようとはせずに、欲しい人に譲ったほうがいい場合もあります。**私たちも欲しい人が現れたら、ご縁と思い、売却してきました。

たとえば最初に買ったアパートは、私と妻がめざす大家スタイルからは徐々にそれてしまいました。なぜなら、ロードサイド型店舗やテナントビル、倉庫といった商業物件に、私たちは軸足を移していったからです。

そんな折、買った値段よりも高く買ってくださる投資家が現れたので、喜んで譲りました。

また、アパート用に格安で買えた土地があったのですが、戸建て向きの立地であることに気づいたので、マイホームの敷地を探していた方に3割増しの値段で譲ったこともありました。

買った方には喜んでいただけますし、高く買っていただけて私と妻もハッピーです。しかも、必要で欲しい人に譲るほうが、その資産はいままで以上に有効活用されますから、経済全体としてもプラスになります。

このように、**いつ買うか、いつ売るか、それとも休むのかについても、正解は1つだけではありません。**めざす方向は少しずつ変化しますし、世の中のニーズも、時代の流れも、経済の動向も、変化を続けます。

つまり、あらゆるビジネスに「買い時」と「売り時」と「休み時」があるということです。だからそのときどきで、原理原則を踏まえながらフレキシブルに対応するのが何よりも大切なのです。

## あなたが行動に移せない3つの理由とその対処法

さて、「3つの大切なこと」のうち、2つまでお話ししました。じつは、これからお話しする3つ目が一番の難関で、ほとんどの方がここでつまずきます。

それは「最初の半歩を踏み出す行動力を持つこと」。

話す順序は最後になりましたが、取り組む順序としては一番最初にやるべきことです。

「ある事情」があって、あなたにはどうしても最初の半歩が踏み出せません。

**「ある事情」とは、「お金」と「時間」と「自信」がない、ということ。**

もしこの3つがそろっているにもかかわらず踏み出せないのなら、それは単に「あえてプライベートビジネスに取り組んでお金持ちになろうとは思っていない」ということになります。熱意や情熱を感じられないのですから、無理をする必要はありません。

そうではなく、本当に「お金」と「時間」と「自信」がないから最初の半歩が踏み出せないのであれば、解決することができます。

「お金」の欠如については、第1章で種銭の作り方を学んだはずなので、いますぐ、今日から始めるまでのこと。いますぐ始めなければ1週間経っても1か月経っても始められません。

だから、いますぐ始めてください。そうすれば、順調にいけば1年以内に「お金」の問題はクリアできます。

## 2つ目の「時間」が足りない、と思っている方は大きな勘違いをされている

**可能性がありますので、誰の時間が足りないのかをいま一度確認してください。**

足りないのはあなたの時間ですか？　妻の時間ですか？　両親を含めた家族の時間ですか？

もし、家族全員が忙しくてテレビを見る暇もないのでしたら、本当に時間がないということになるのでしかたがありません。時間術の本やセミナーから、時間を捻出する術《すべ》を学ぶしかないでしょう。

でももし、そこまでシビアでないのなら、時間がないことを言い訳にしているにすぎません。なぜなら、プライベートカンパニーはあなた1人で行う副業ではないからです。妻や家族の協力を得ながら取り組む副業です。だから、時間は何とか捻出できるはずなのです。


20世紀とは違って、いまは携帯電話やパソコンが当たり前にある時代です。20世紀までは従業員を1人雇わないと経理の作業さえままなりませんでした。

でもいまは、**税理士さんの役割までもパソコンが代わりにやってくれる時代です。** 大家業であれば、ネットで簡単に物件を検索して、不動産屋さんからメールで情報を送ってもらえるので、昔のようにファックスも必要ないのです。

これだけ便利になっているのですから、時間がないわけがありません。


残った課題は「自信」の欠如です。

大家業に限っての話かもしれませんが、幸いにもあることをするだけで比較的簡単に自信を持てるようになります。それは大家業の本を読んだ上で、不動産投資とかアパート経営についてのセミナーに参加すること。

**大家業には高度な専門性など求められない**ので、本を読んでセミナーに参加するだけで、誰でもおよそのイメージはつかめてしまいます。しかも、セミナーに参加して周囲を見回してみると、普通のおじさん・おばさん、その辺のお兄さん・お姉さんばかり。質問タイムで飛び出す質問も拍子抜けするような質問ばかりですから、**ついさっきまで自信を持てなかったことが馬鹿らしくなってくる**はずです。


私たちは、いつもそうです。大して難しくないのに、何となく不安を感じて自信がないと思い込み、何も始められないのです。

人間は「正体がわからないものやこと」「変化」に対して不安を感じます。いままでの安定を捨てて、チャレンジすることに不安を感じ、最初の半歩を踏み出せません。生き物には恒常性維持機能（ホメオスタシス）と呼ばれる生命維持機能があるのですが、どうやらそれが原因のようです。

この不安を解消する方法は、学ぶこと以外にありません。なぜなら、不安という感情は「自分が何もわかっていない」ことから生まれるからです。

**大家業のビジネスモデルはシンプルですので、良書と呼ばれるノウハウ本を数冊読めば大方の不安は解消されます。その上で、無料のセミナーに参加すれば、どんどん自信がついていきます。**

そして最終的には、大家さんが集まる勉強会や有料のセミナーに参加する。そうすれば、ワクワクするような学びをたくさん得られること間違いなしです。

まずは〝半歩〟でいいのです。スリ足で半歩だけ進み出て、偵察するという感覚でかまいません。不動産投資やアパート経営のセミナーを覗《のぞ》いてみてください。アマゾンのランキングや書評だけでは本のよし悪しはわからないので、ぜひ街の本屋さんで大家本を手にとってパラパラとめくってみてください。探し求めていた1冊に必ず巡り合えますよ。

こうして半歩を踏み出すことができたら、いよいよ残りの半歩を踏み出します。その半歩とは家族を巻き込んで家族の協力を得ることです。どのようにすれば家族の協力を得られるのかについて、この後の第4章でお話しします。

【第4章】

# 妻も納得する究極の説得方法

超実践編

## 理路整然とした説明で納得してくれるほど妻はお人好しではない

「3つの大切なこと」の中でも、まずやるべきは「最初の半歩を踏み出す行動力を持つこと」でした。では、残りの半歩は何か？

それは「妻や家族の協力を得ること」です。

言わずもがなですが、妻の協力がなければ妻社長メソッドは成功しません。その意味では妻を口説いてその気になってもらい、積極的に協力してもらうことこそが大切です。

**ご家庭の事情によっては、妻の協力を得ることが一番の難関でしょう。それに比べたらプライベートカンパニーの設立やプライベートビジネスへの取り組みなど、遥かに簡単です。**

あくまでも一般論ですが、女性は精神を安定させる脳内物質「セロトニン」

の分泌が男性より少ないので、男性に比べて不安感を抱きやすい傾向があるそうです。そのため、リスクに対しては男性以上に敏感です。だから男性よりも女性のほうが節約上手で、コツコツと苦もなく貯金に励めます。

裏を返せば、夫がいまの仕事を続けながらリスクのない副業を始めるのなら、妻も安心ですから反対はしません。

問題は、多少なりともリスクがある場合です。リスクがあるとわかった途端に妻は抵抗します。

私が「大家業を始めたい」と妻に打ち明けたとき、お約束通り猛反発にあいました。大家業であれば、きちんと運営すればある程度の家賃収入が見込めます。そこで、**数字を示しながら理路整然と説明したのですが、その程度のことで納得するほど、妻はお人好《ひとよ》しではありません。**起きたら困る出来事を次から次へと思いついて、これでもかというくらい「でも」を繰り出してくるのです。

「でも、入居者が集まらなかったらどうするの？」

「でも、家賃が下がったらどうするの？」

「でも、家賃滞納や夜逃げがあったらどうするの？」

「でも、入居者が自殺したらどうするの？」

「でも、銀行に借金を返せなくなったらどうするの？」

「でも、地震が起きたらどうするの？」

「でも、火事になったらどうするの？」


もちろん、妻が抱く「でも」に対しては、1つ1つ解決策や対応策を示していきました。ですが、ほとんど効果がありませんでした。

妻の抵抗が強ければ、それを押し切ってまでプライベートビジネスを推し進めることはできません。とくに妻にプライベートカンパニーの社長に就いてもらうのなら、**社長本人が前向きにならない限りうまくいくわけがない。**

ではどうすれば、妻に協力してもらえるのか？

前著では、妻の不安を払拭してあげること、それが大切だとお話ししました。

そして、そのための特効薬は、動機と根気、熱意と愛情だとお話ししました。

その上でミッション・ステートメントと未来年表に2人の将来の姿を描きながら、イメージを2人で共有することをおすすめしました。

今回はもう少し具体的に、どう実践すればよいのかをお話しします。

## ゴリ押しでは動かない人を動かす方法とは？

**プライベートカンパニーを作ってプライベートビジネスを始めようと心に決めたときに男性陣が犯す致命的な過ちが、「理詰めで説得を始める」ことです。**

しかし、このやり方では絶対に失敗します。なぜなら、女性が納得する一番の決め手は「論理や理屈」ではなく、「共感できるか否か」だから。

この点について、ケンブリッジ大学の発達精神病理学科教授のサイモン・バロン＝コーエン氏による興味深い研究結果があります。

それによると、男性型の脳はシステムを理解し構築する傾向が優位なのですが、女性型の脳は共感する傾向が優位になっている、ということがわかっているそうです（『共感する女脳、システム化する男脳』ＮＨＫ出版）。

私も含めて男性は、知らず知らずのうちに理屈や論理に絶対的な価値を置いています。そして確かに、数学や物理学などの自然科学では、情緒的なアプローチは有害無益です。

しかし、**歴史・経済・文化のような社会科学の分野で理屈や論理を盲信すると道を誤ります。**とくに人とのコミュニケーションに理屈や論理を持ち込んでしまっては、解決できることもこじれてしまい、かえって望まない結果を招きます。そのことはあなた自身がこれまでの人生で十分経験してきているでしょうし、人類の歴史がそれを物語っています。

そもそも自分以外の人間を理屈だけで説得することは困難です。人は論理や理屈だけでは納得しません。いわんや、行動までを求めることは不可能です。共感に重きを置く女性的な感覚からすれば、なおさらありえません。

ですから、妻に納得してもらい協力してもらう方法は1つしかないのです。それは「共感してもらう」こと。共感してもらえるかどうかで、協力してもらえるかどうかが決します。

共感してもらえるかどうかは、妻との関係性にもよります。具体的には、信頼関係です。相手を信頼できなければ共感できないので、納得もしません。

たとえば新しい職場に入ったとき、転勤したとき、新しい取引先を担当したときのことを思い出してください。あなたがどんなにすばらしいアイデアを出しても、論理的に完璧な話をしても、すぐにうまくはいかなかったはずです。なぜなら、関係性が構築されていないからです。

**人は誰しも、どんなに中身がすばらしくても、すぐにはそれを受け入れません。内容よりむしろ「誰が言っているか」で判断するからです。**

生身の人間だけではなく、テレビや本の場合も同様です。「本」を例に取ると、まったく無名の著者が書いた本だとしたら、どんなに説得力があっても納得しづらいでしょう。反対に、尊敬する人や、その道のスペシャリストと言われる人が書いた本であれば、多少おかしなことが書いてあったとしても、妙に納得したりしてしまうもの。

そしてこの理屈は、家族でも同じです。日ごろの夫の態度が自分勝手で妻を顧みていなかったとしたら……。妻は夫の発言を素直に受け入れて従うでしょうか？

**あなたがもし、妻との関係性をしっかりと築けていないのであれば、どんなに完璧な理屈でゴリ押ししても相手は動かないでしょう。**家族はそれぞれに人格を持った1人の人間ですし、あなたの奴隷でも召し使いでもないのですから当たり前です。

だから、まずは家族との信頼関係をしっかり築いて維持することです。ある程度の信頼関係があれば、あとは適度な時間をかけて正しいプロセスを踏んでいくことで、きっと理解してもらえますし、惜しみない協力をしてもらえるはずです。

## 人間の記憶方法に基づいた「ストーリー説得術」

繰り返しますが、一足飛びに妻を説き伏せて、やりたい副業ができると思ってはいけません。もし関係性が十分でなかったなら、妻への愛情を示しながら、時間をかけて根気よく少しずつ再構築してください。

私は自分の金融知識を過信して無謀な投資を実践した結果、ライブドアショックをきっかけに落ちるところまで転げ落ちました。**妻も家族も誰もが、銀行員である私がそこまでバカだとは思っていなかった**でしょう。

それだけに、私への信頼はガタ落ちです。信用は時間をかけなければ積み上げられませんが、崩れるのは一瞬です。

こうして破産寸前に陥って家族の信頼をなくした私でさえ、これからお話しする方法を実践することで、何とか妻や家族を巻き込むことができたのです。

私でさえ何とかなったのですから、ごく普通の家庭の人であればきっと大丈夫です。

では、関係性が確立できているという前提で、次にあなたが踏むべきプロセスは何でしょうか？

ここで鍵を握るのが「ストーリー」です。妻に理解してもらい、共感してもらう最適のツールはストーリーです。**ストーリーを語れなければ、共感はしてもらえません。**

ただし、これは何も小説とか物語を書け、と言っているのではありません。

人の記憶には、意味記憶とエピソード記憶の2種類があります。意味記憶とは事実とか概念のような一般的な知識・情報についての記憶です。

これに対して、エピソード記憶とはストーリーの記憶です。ストーリーの記憶なので、登場人物や、いつ、どこでのような5W1Hも入っているし、どう感じたかという感情までをも含んだ記憶になります。

そしてじつは、女性とは「ストーリーで記憶する」生命体なのです。だから、**いつまで経っても「あのとき、あなたはこう言ったでしょ！」と、男性がとっくに忘れていた10年も昔の出来事を持ち出して、私たち男性を攻め立てます。**男性陣が頭を悩ますような具体的事実を、ストーリーの形で次々と繰り出してくるのです。

私の恥ずかしいエピソードを1つご紹介しましょう。

1棟目のアパートで成功して調子に乗ってしまい、私は危うく落とし穴にハマりそうになりました。新築RC造の1棟のマンションに一目惚《ぼ》れしてしまったのです。

新築RC造は「節税できない物件」なので本来は「避けるべき物件」です。しかもその物件は、コンクリートの打ちっぱなしだったのでメンテナンスも面倒です。たった12戸なのに4階建てのRC造。おまけにエントランスは自動ドアという重装備。どんなに贔屓目《ひいきめ》に見ても、買ってはいけないマンションの典型でした。

当然、妻は猛反対です。それなのに私は、どうしてもそのマンションが欲しくなってしまい、無謀にも買い付け証明に判を押してしまいました。

幸いにも、私と同じような買主が他にもいたため、最終的には買い負けてしまいました。当時は残念でしかたなかったのですが、いまは思い出すたびにホッとして、同時に恥ずかしくもなります。

そして、**その当時のことを妻はしっかりと記憶している**のです。思い出したくもない私の言動を、録画されたビデオのようにナレーション付きで再生してこう言います。

「新築RCなんて買ってはいけないって言ってるけど、自動ドア付きの小さなマンションを、駄々っ子のように欲しがってたのは誰かな？（笑）」

妻にとっては、意味記憶はあまり意味をなしません。理屈もへったくれもないのです。経験したことや感じたことをすべてストーリーとして記憶するからです。

だからでしょうか。テレビドラマが好きな女性が多い気がします。ストーリー仕立てのエピソードに共感して納得し、それを脳裏に刻みつけていくのでしょう。

そうである以上、**いまなぜプライベートカンパニーを作って、どんな気持ちで副業に取り組むのかを、ストーリーとして伝えられなければ共感してもらえません。**

人は自分自身の経験から多くを学び、教訓を積み重ねていきます。そして、自分の経験だけでなく、感動的な物語を読んだりすることで、他人の経験からも多くを学び取ります。過去の歴史の中からも本質的な原理原則を学んでいきます。

そしてこれらはすべてストーリーです。戒めや教訓も歴史も何もかも、すべてが神話や童話、あるいは物語として長きにわたって語り継がれてきたのです。

女か男かを問わず、心の奥深い根っこに刻みつけ、心のヒダに染み込ませて、自らの思いとして同化できるのは、それがストーリーだからなのです。

だからこそあなたも、これから取り組もうとしていることをストーリーで語るべきなのです。

**あなたがなぜそのプライベートビジネスに取り組むのか。それを通じて、いったい何を実現したいのか。そしてそれにより、妻や家族の未来はどのように明るく拓《ひら》けていくのか……。**

映画のワンシーンのように具体的に、かつ臨場感をもって、頭の中でイメージしてみてください。そしてそれを、あなた自身の言葉で語ってください。固有名詞が出てくるくらいまで、ブレークダウンしながら伝えるのです。

たとえば、私も妻もハワイのような陽気で暖かいリゾートが大好きです。また、妻はミュージアムや蚤《のみ》の市が大好きで、フランスにも憧れていました。そこで私は、大家業の延長線上で、大好きなハワイやフランスで暮らしながら2人が夢を実現するストーリーをイメージして、それを妻に語りました。一緒に滞在型の旅行を楽しみながら、そのストーリーのプロローグとエピローグを妻に伝えていきました。そうすると妻は自然と、自分自身のストーリーを考え始めていったのです。

こうして**妻がストーリーに興味をもって質問してきたらしめたもの。あなたの思いを熱く語りながら、今度は逆に、妻にとっての夢が何なのかを質問するのです。**

妻の夢をさらに具体的にイメージしながら、一緒にプロローグからエピローグまでのストーリーを組み立ててみましょう。

このプロセスを加えることで、あなたが思い描く未来像に、妻の夢や未来像が織り込まれていきます。

あなたのプライベートビジネスの延長線上に、妻の夢を織り込めたなら、そのストーリーは夫婦2人の合作となります。そうして初めて、共通の未来に向けて2人で一緒に歩み始めることができるのです。

## やりたいことや好きなことを紙に書きまくることが妻を巻き込む第1歩

ストーリーの大切さは何となくわかった気がする。でも、自分にはストーリーを作る才能もないし、いったい何からどう手を付ければいいのかもわからない、という人はけっこう多いのではないでしょうか。

そこでここでは、どうすれば共感してもらえるストーリーを描くことができるのかをご紹介しましょう。

**ストーリーとは、これからの人生であなたが成し遂げたいことであり、熱意を持って取り組みたいことです。**それによってあなたの家族が幸せになることであり、世の中の人にも喜んでもらえること、それを簡単にまとめたものです。言い換えると、この世を去る時点で「あなたのプロフィール」として確定するのがストーリーです。ライフワークと言ってもいいかもしれません。

そのストーリーを描く上で出発点となるのがミッション、つまり使命です。

あなたが生まれてきて、今後も生きていく中で、あなたは必ず何らかの役割をこの世の中で果たすことになります。

その役割とは、あなたが充実感とやり甲斐を感じることですし、それによって家族も幸せになれること。要は、あなた自身が楽しめて、家族も世の中も喜んでくれること、それがミッションです。

そこで、まずは自分のミッションが何なのか、見つけ出してください。

見つけ方は簡単です。寝食を忘れるくらい熱中してしまうことや大好きな趣味、誰にも負けない一風変わった特技、子どものころに憧れていたこと、お金や時間があればやってみたいこと、なんとなく気になることなど、ありとあらゆることについてノートや手帳に書き出してみるのです。

**どんな些細なことでもかまいませんので、1人ブレストのように書きなぐります。そうするとその中に必ずミッションが隠れています。**あとはじっくりと時間をかけてあぶり出すだけ。時間がかかったとしても、あるとき突然「これだ！」と気づく瞬間があなたにも訪れます。

**ミッションがあなたの頭の中で輪郭を持ち始めたら、もっと具体的に今後何をするのかイメージしましょう。**そして、イメージしたものを簡単に書いてみるのです。

そして次は、それをさらにリアルにするためのステップへと進んでいきます。その際に重宝するのが「夢実現シート」です。

## 「夢実現シート」は脳に効く

前著では、ミッションを具体化して将来に投影することで、未来を具体的にイメージできるようになる「未来年表」というツールをご紹介しました。

「夢実現シート」（巻頭付録裏面を参照）はそれを改良し、より将来をイメージしやすくしたものです。これがあれば、きっと奥さんや家族もあなたと一緒に夢を叶えたいと願うようになります。つまり、家族を幸せにすることができるのです。

人は毎晩、眠っているときに夢を見ます。朝起きたときには覚えていないことが多いですが、インパクトのある夢だと現実の出来事のように鮮烈に覚えていることがあります。

知っている人が登場人物だと、夢の出来事なのにその人を好きになったり嫌いになったりします。**気にも留めていなかった芸能人の夢を見ただけで大ファンになってしまった、という人もいます（私の妻）。**

いい夢を見るといいことが起きる予感がして晴れやかになり、本当にいい出来事が起きてすばらしい1日になります。逆に悪い夢を見るとその日は憂鬱でしょう。

ここから1つおもしろいことがわかります。それは、**私たちの脳は「夢と現**

**実を区別できない」ということ。**

確かに、どちらも脳にとってはタダの電気信号にすぎません。「現実」とは、目や耳からの知覚が電気信号として送り込まれて脳が認識したものにすぎないからです。

裏を返すと、脳には逆のこともできることを意味します。「夢」、つまり現実でないことを現実化する、ということが可能なのです。

たとえば人類が誕生したときには、車や飛行機はありませんでした。ビルもなければ都市もありません。パソコンも携帯電話もありません。それどころか、紙や鉛筆すらありませんでした。それなのに、なぜいま私たちの身の回りには、こうしたものがたくさんあるのでしょう?

答えは1つ。誰かが脳でそれを考え出したからです。つまり脳でイメージしたことは、いずれ実現することが可能だということ。

人間の場合、脳の大脳皮質という部位が発達しています。考えたりイメージしたりする顕在意識を操る作業は大脳皮質の役目です。そのイメージを実行する役目を果たすのが、潜在意識を司《つかさど》る辺縁系などの部位です。

**脳に顕在意識として都合のいいイメージを刷り込み、それが現実だと脳に信じ込ませてしまえば、辺縁系が潜在意識を使って実現してくれる、**という仕組みです。

もちろん、魔法使いになるとか超能力者になる、という超常現象的なイメージに対しては、さすがの脳も責任を持てませんが（笑）。

## 自分が貧乏だと勘違いする現象を〝デジャ・プー〟と呼ぶ

**成功者といわれる人たちや、お金持ちになった人は、このような脳の仕組みを上手に活用しています。**彼らは例外なく、自分が成功するイメージとかお金持ちになるイメージを、頭の中でリアルに再現しているのです。スポーツ選手がイメージトレーニングを積み重ねるのもこの原理です。

同じように、いつまで経っても貧乏な人は、「いつまでも貧乏な自分」を頭の中でイメージし続けています。

貧乏なままの人が持つこの感覚を、私は「Deja《デジャ》 poor《プー》（既貧感）」と呼んでいます。なぜなら、**貧乏な人が裕福になれないのは、脳が「私はずっと貧乏のままだ」と思っているにすぎないからです。**

一度も体験したことがないのに、すでにどこかで体験したことのように感じることを「Deja《デジャ》 vu《ブー》（既視感）」と言いますが、これは脳の誤作動が原因だと言われます。

それと同じように、貧乏とは、本当は裕福になれるにもかかわらず、「私はずっと貧乏のままだ」と脳が勘違いしている現象にほかなりません。

そうであれば、これを逆手に取って「Deja《デジャ》 rich《リッチ》（既富感）」の感覚を脳に埋め込めばいいのです。「自分は裕福なんだ！」と脳が認識すると、貧乏という現状は間違えた状態なので、これを正しい裕福な状態に直そうとして無意識のうちに軌道修正が始まるからです。

## 人をだまして金持ちになるのは犯罪だが、自分の脳をだますのは合法

一代で裕福になった人の多くは、脳をだますこの方法でお金持ちになりました。人をだましてお金持ちになるのは犯罪ですが、自分の脳をだましてお金持ちになるのは合法です。

「お金持ちになりたければ、一流を経験しろ！」と財を成した人は言いますが、なるほどうなずけます。なぜなら、**一流を経験することにより「自分は裕福なんだ！」と脳が勘違いしてくれるからです。**寄付をするといいのも同じカラクリです。

もちろん未だ裕福になっていないあなたのポケットにはお金がありません。

ですから、リッチになったつもりで、擬似的に一流を経験するしかありません。

**一流ホテルには泊まれませんが、一流ホテルのラウンジなら誰でも使えます。**

こうして自分の脳に「既富感」を植え付けて、自分は裕福なんだと自分の脳をだましていくのです。そのための極めつけのツールが「夢実現シート」です。


参考までに私の夢実現シートを巻末（260〜261ページ）に載せておきますので、それを参考にして巻頭付録の夢実現シートに書き込みましょう。

あとはその紙を毎日眺めるだけ。パソコンの壁紙にしたり、寝室やトイレの壁に貼ったりしてもいいでしょう。持ち歩く手帳やノートに挟んでスキマ時間に眺めるのもいいですね。私の場合は、ノートの表紙が夢実現シートになっています。


簡単に作れるのに、効果は絶大です。私は夢実現シートの初期バージョン（未来年表）を眺めてきましたが、当時書いた「夢」は、いまの私にとっては当たり前の「現実」です。

## 「失敗したらどうするの？」を「どうしたら成功する？」に変える

夢実現シートに書いたストーリーを語るためには、あなたの深い熱意や情熱が不可欠です。**熱意があるからこそ、あなたのストーリーは真実味を帯びてくる**のです。その意味で、あなたや妻にとって一番関心があって、大好きなことをプライベートビジネスにするのがやはり一番効果的です。

ただし一方で、あくまでもビジネスですから、独りよがりでは失敗します。第3章で説明したように、5つの条件をすべて満たしていなければなりません。それらを満たした上でさらにあなたが情熱を注げるビジネスであれば、さすがに妻も賛成してくれるはずです。

もしそれでも妻が反対するとしたら、「リスクが大きすぎる！」と感じているからでしょう。**失敗する最大の理由は「リスクの所在を知らないこと」と「リスクをコントロールできないこと」にある**のですから。

ここで、第3章の最後にお話ししたことが役立ちます。妻にプライベートビジネスの話を切り出す以前、あなたにも多少の不安があったはずです。しかし、あなたは「お金」と「時間」と「自信」がないという課題を克服して不安感を払拭しました。だからこそチャレンジを心に決め、その熱い思いを妻に伝えることができたのです。あなたでさえ最初は不安だったのですから、妻にとってはなおさらです。

そこで、なぜ、あなたが不安を払拭できたかを改めて思い出してみてください。その上で、それと同じプロセスを妻にもたどってもらうのです。あなたがすでにたどった道ですから、妻の手を引いてスイスイと案内することができるはず。そうすることで妻は自分の目で見て体験できるので、納得感が全然違います。

そして、もし熱く語れるものがない場合でも、手っ取り早く取り組める副業があります。それが大家業です。

なぜなら、住居は生きていくために切っても切れないアイテムですし、家族にとって大切な場所だからです。それゆえに、妻にとってもリアリティを感じながら大家業を想像できる。将来の悠々自適な生活をイメージしやすいのも大家業のアドバンテージでしょう。

**私は、アパート経営のセミナーに妻をよく連れて行きました。**その過程で、**専門知識を持たない普通のサラリーマンや主婦が次々と成功している実例を、妻に確かめてもらいました。**具体的にどんな物件があるのか、妻にも知ってもらいました。

またこれとは別に、数々の住宅展示場やマンションのショールームを一緒に見て回りました。

住宅展示場もマンションのショールームも生活感がなく、現実とは大きく乖《かい》離《り》しています。まさに幻や幻覚でラッピングされているのですが、どんな間取りが生活しやすいかとか、水回りはどうかとか、イメージを膨らませながら学ぶことができました。その意味では、大家業に対する妻の関心を高める役割を十分に果たしてくれたような気がします。

こうして思考がネガティブな方向からポジティブな方向に転換し始めると、人は本来の能力を発揮できるようになります。**「失敗したらどうするの？」と心配ばかりしていた妻の思考回路が、「どうすればうまくいくのかな？」というプラスの方向に変化し始める**のです。

## 「そんなお金どこにあるの？」を「お金は作れる！」に変える

思考がポジティブに転換したとしても、手ごわい妻は思い出したように手厳しい問いかけをあなたにぶつけるでしょう。

「プライベートビジネスを始めるのはいいとしても、元手となるお金はいったいどこにあるの？」

お金がかからない副業ならいいのですが、仕入れが必要な副業や大家業の場合にはお金の問題が絡みます。そして、そもそも妻が反対したのもお金の問題があるからです。

たとえ貯蓄があっても、それは教育費であり、マイホーム資金であり、老後の資金であり、あるいは万が一のためのお金ですから、それに手をつけることは許してもらえないでしょう。

そこでまずは、プライベートビジネスのための貯蓄を始めましょう。**いままでの口座とは別に、新たな口座を作るのです。**第1章でお話ししたオークションやフリマで捻り出したお金をそこに貯めていきます。固定費の削減や変動費の削減で浮いたお金をそこに放り込みます。

このような実践を通じて「お金は簡単に作れる」ことを証明します。貯める能力については、男性より女性のほうが秀でているので、妻のモチベーションを刺激しながら、「貯める決意をすれば貯まる」ことを夫婦一緒に実感してください。

実感するためには、チリも積もれば山となることを、通帳上の数字で示す必要があります。そのためにも、専用の口座、専用の通帳が必要なのです。

こうして、「そんなお金どこにあるの?」という疑問符が「お金は作れる!」という感嘆符に変化します。元々なかったはずのお金が生まれ出てきたうえに、今後も「お金は作れる!」とわかったわけですから、その安心感は絶大です。

意識面で変化が起きるだけではなく、副業の種銭も作ることができます。まさに一石二鳥というわけです。**万が一、元手を失っても、どうせ最初はなかったお金ですし、また作れることがわかっているので心配ありません。**

## すると「私には無理！」が「私がやるわ！」に変わる

妻のスタンスが前向きに変わってお金の心配が解消したことで、いよいよあなたはプライベートビジネスに取り組み始めることができます。

ただし、あなたがサラリーマンで、妻が社長になって副業をするのなら、当然ながら妻にがんばってもらわなければなりません。副業が妻の趣味や特技であれば心配ないでしょうが、あなたの特技や趣味であったり、大家業のように趣味とは関係のない業務だったりすると、妻が今度はこう言うはずです。

### 「私には無理！」

この段階であなたが発揮すべきなのは、これまでの社会人生活で培ってきた「業務遂行力」と「マネジメント力」などです。

勤めている職場に置き換えて考えてみてください。仕事のミッション達成のため、あなたは職場で役割をコントロールしながら成果をあげてきたのではないでしょうか。必要に応じて他部署と交渉し、会社や役所全体で最適な結果が出るように工夫をしてきた人もいると思います。上司やお偉いさんをうまく使って実質的に組織を動かしてきた人もいるかもしれません。

こうしたスキルを今度はプライベートカンパニーの中で活かすのです。妻とプライベートビジネスをマネジメントすればよいのです。

**表向きは妻が社長でも、あなたが「言い出しっぺ」になって始めたプチ起業です。だからまずは、あなた自身が引っ張って、家族に背中を見せなければなりません。**そうしなければ決して前へは進まないでしょう。

我が家もそうでした。当初、妻は大家業にまったく興味がなかったのです。私が夜な夜なインターネットで物件探しをしていると、「またやってるの？」と呆《あき》れ果てられる毎日を繰り返していました。

いい物件は根気よく探さなければ見つかりません。根気よく探すには熱意がなければできません。だから、その役割を私が引き受けるのは当然です。

こうしておもしろそうな物件を見つけては、必ず2人で見に行きました。そうすると今度は妻の出番です。女性特有の嗅覚で、その街のよし悪しを瞬時に嗅ぎ分けます。間取りや水回りを見た瞬間に的確なジャッジを下します。近所の住人と世間話をしながら生の情報を引き出します。

物件購入後も、「仕方ないわね……。あなたには無理だから、私がやるわ！」とボヤきつつも、管理会社や修繕業者との対応を妻が一手に引き受けてくれました。

こうして、**妻の得意分野についてはすべて彼女に任せる形で役割分担が決まっていった**のです。

ちなみに、銀行に借入申込をするときの役割分担は最初から明確でした。なぜなら、仕事柄、私にとって事業計画書の作成は朝飯前だったからです。とはいえ、実際に銀行で事業計画を説明するのは妻です。そこで、妻には事前に事業計画書の内容と、その内容に関して想定される質問をレクチャーしながら、二人三脚で乗り越えました。

## 行動していない人の話を真に受けることほど馬鹿なことはない

妻を口説き、夢の実現に向けて2人で歩み始めたとしても、あなたの夢を阻止する人が大勢現れます。あなたの夢を殺す存在なので、彼らは「ドリームキラー」と呼ばれます。

ドリームキラーというと極悪非道のひどい人たちに聞こえますが、その正体は親兄弟と友人です。むしろ、だからこそ厄介なのです。

「人は誰が言っているかで判断する」とお話ししました。**「会社なんか作って起業したって失敗するに決まってる!」**と、**家族や友だちから頭ごなしに言われると、ほとんどの人が思いとどまります。**説得力のある理由を示されることなく断言されているだけなのに、なぜか不安になるのです。

もちろん、一代で成功した人から「君の夢は間違っている」と言われたら、再考したほうがいいかもしれません。

また、起業に失敗した人のアドバイスであれば、なぜその人が失敗したのかを具体的に聞いてみる価値があります。失敗した原因がその事業特性によるものなのか、タイミングや環境によるものなのか、その人のやり方に問題があったのか、それによってプライベートビジネスのやり方を再検討することができるからです。

でも、そうではなく、親切な友人や親族がイメージや思い込みで言ってくる場合は要注意です。なぜなら、彼らは経験者ではないからです。**行動していない人やチャレンジしていない人の話を真に受けることほど馬鹿げたことはありません。**

私と妻が起業した当初も、「アパート経営なんて大変だぞ」とか「世の中そんなに甘くない」とか「そんなことより仕事のほうが大事だろ」などと、大量のドリームキラー光線を浴びました。

破産しかけた身でもあったので、正直へこみました。でも、諦めずに続けることができました。なぜなら、妻にこれ以上お金のことで苦労をかけず、ずっと幸せを感じ続けて欲しいと願っていたからです。

**親友といえども育った環境はあなたと違います。両親や親族もあなたとは違う時代を生きてきました。だから、あなたとは価値観が違って当然です。**価値観が違うのですから、個性も違うし信念だって異なります。ミッションも描く夢も違います。

あなたは、そんな他の人の価値観に従って、その人が正しいと信じるレールを生涯歩み続けることを望みますか？

一度しかない人生なのだから、自分の価値観や信念に従って、自分だけの人生をまっとうしたいとは思いませんか？

もし親や友人や職場の同僚の価値観・信念に従って生きるとしたら、それはあなたの人生ではありません。他人の人生です。

人は誰もが自分の信念を正しいと信じているので、それを平気で身近な人や親しい人に押し付けようとします。親しい人から「おまえもそう思わないか？」

なんて同意を求められることは日常茶飯事です。

でも、他人の考え方や信念に合わせて生きていると、ストレスが溜《た》まります。ストレスが溜まると愚痴が増えるし、心ならずも誰かに当たってしまいます。不完全燃焼のストーブが有毒な一酸化炭素を吐き出すように、世の中に悪い空気を撒《ま》き散らしてしまうのです。最悪の場合には、あなた自身が病気になってしまうでしょう。

善意で周囲に合わせたつもりが、かえって望まない結果を招くのであれば、それこそ不本意です。**自分の信念に従って、自分の人生を生きたほうが最終的にはずっとすばらしい結果をもたらします。**

私もそのことに気づいてからは、自分の人生を歩めるようになりました。自分の信念を素直にストーリーに変えて、そのストーリーを生きたからこそ、当時の夢はすべて現実になっています。そして、当時のドリームキラーも、いつの間にか私たちの応援団である「ドリームテラー」になってくれたのでした。

自分のミッションさえわかっていれば、ドリームキラーの餌食になることはありません。だからあなたも、いますぐミッションを見つけて、夢実現シートを作成してください。

## 徹底的に夫婦で話し合うことが成功の秘訣

「妻社長メソッド」は夫婦や家族で協力しながらプライベートカンパニーの舵《かじ》をとるので、その過程で**必ず意見の違いが露呈します。**その際に、失敗を恐れるあまりに考えることをやめて、頭ごなしに相手の意見を否定してしまうと、結果的に双方にとってよくないことが起こります。

私たち夫婦のエピソードを1つ紹介しましょう。

1件目のアパートが軌道に乗ったころ、私は掘り出しものの中古アパートを見つけました。女子大の近くにある満室に近いアパートだったのですが、事情があって土地の値段で売られていました。メインバンクの信金さんも全額融資を約束してくれたし、家具と家電製品を完備した利他的な物件でしたので、私は買う気満々だったのです。

ところが妻は、乗り気になれませんでした。なぜなら、土台のコンクリートにところどころ小さなヒビ割れがあって、地盤が悪いのではないかと気になったからです。やめたほうがよいと言う別の業者のアドバイスがそれに追い打ちをかけました。

結局、かたくなに反対する妻を説き伏せることができず、私は購入を見送らざるをえませんでした。

ところが後日、「やめたほうがいい」と言った業者がその物件を購入して1000万円も高い値段で転売していたことがわかりました。地盤に問題ないこともわかったのですが、すでに後の祭りです。かたくなだった妻は後悔しきりでした。

たとえ**その道のプロだとしても、思考がワンパターン化したり、硬直化したりしてしまうと判断を誤ります。**いわんや素人であればなおさらです。

誰かに言われたからとか、不安だからという理由で、頭ごなしに決めつけてしまうことは思考の停止、思考の放棄ですから、いい結果が生まれません。

この出来事が教訓となって、私と妻は、互いに納得するまで話し合う術を身につけることができました。

頭ごなしに決めつけず、相手の話をよく聴いて双方納得してから取り組むと必ずいい結果が生まれます。その後、プライベートビジネスが順調に拡大したのも、コンセンサスを得ながら力を合わせられたからにほかなりません。

**たとえ失敗したとしても、合意した上での失敗であれば納得感がありますし、一致団結して対処できます。**しかも、そのときは失敗だと思っても、実際にはそこで学びを得て解決できますので、後で振り返ってみると「失敗ではなく成長するきっかけだった」ということに気づくのです。

これは何もプライベートビジネスに限ったことではありません。考え抜いた上での失敗は、最大の学びになります。学ぶからこそ、その先には成功が見えてきます。

失敗というパーツが無数に積み重なって、初めて1つの成功が完成するのだと思います。夫婦で一緒に考え抜いて学んでいけば、家族で成功して幸せになるというゴール以外は、ありえない。

私は、そう信じています。

◉エピローグ

# あなたの行動力で家族の人生が決まる

料理の本を読んでレシピを学んでも、材料を買って調理しなければ、その料理を食べることはできません。

同じように、**この本を読んだだけでは、あなたも家族も裕福にはなれません。**

種銭を貯めたり、プライベートカンパニーを作ったり、家族の協力を取り付けたり、何かを実践して初めて結果がついてくるのです。**行動を伴わない学びは、学んでいないのと同じです。**

私自身も行動することの大切さを毎日実感しています。

借金地獄のどん底でプライベートカンパニーを作り、大家業に取り組むという行動に出たからこそ、いまがあります。

そして、この体験から学んだ「お金の秘密」をもとに企画書を作り、サンマーク出版へ持ち込むという行動のおかげで、前著『いますぐ妻を社長にしなさい』を出版することができました。

読者のみなさんからは「銀行員があんなことを書いて大丈夫なのですか?」と、驚きをもって迎えられました。なぜなら、銀行員が真実を語ること自体が稀《まれ》だからです。

元々銀行は、行員が情報発信することを極度に嫌います。情報漏えい防止が表向きの理由です。**でも、本当は「蓋をしたい臭い物」が山ほどあるから。経営陣が率先し、組織ぐるみで取り組んでいることの多くは、世間に知られると都合が悪いことだからです。**

そんな背景もあって私は、確かにご心配いただいたようなリスクを抱えました。しかし、その何十倍もの喜びと感動を受け取ることができました。読者のみなさんから鋭いご質問やご指摘をいただいたり、温かいご声援をいただいたり、ラジオや新聞、雑誌で取り上げていただいたりと、平凡なサラリーマンでは味わえないダイナミックな経験をできたからです。

自らの行動から始まった連鎖反応を肌で感じ、いただいたフィードバックを真正面から受け止めながら、「あっ、自分の人生を生きているんだ！」と、全身で実感して身震いしました。自分の人生を生きていることをリアルに体感できたことこそが、行動したことへの最大のご褒美だったのかもしれません。

誰もが「サラリーマンだから上司や会社には逆らえない」と言います。収入や地位、出世や世間体、そして職場の人間関係など、失うものが大きいからです。私もずっと、そう思っていました。

ところが、出版をきっかけにハタと気づきました。

「お金は足りているし、商業出版できるほどお役に立てる内容であれば、臆することは何もないのではないか？　だから、良心に従って生きても大丈夫。投資信託の回転売買を陰で煽るような経営陣に気兼ねする必要もない」と。

経済的に自由になると、おいしいものを好きなだけ食べたり、いつでも好きなときに海外旅行に行けたりしますが、それらは些細なことです。それよりも、**会社のためではなく、人様のために行動できること、ありのままの自分になれるということのほうが遥かに大きい。**

いま思うと当たり前のことなのですが、このことに気づいたときの衝撃は一生忘れないと思います。

いま、世界中でさまざまな問題が起きています。そして、そこには必ず「お金」が関係しています。中東における宗教上の対立やアフリカなどで生じる内紛も、どれもこれも根本的には貧困が原因なのです。

**お金が足りない世界、つまり「感謝の気持ち」が不足している世界では、自由や平等、人命や人間の尊厳も、絵に描いた餅です。**「感謝の気持ち」であるお金があふれていてこそ、人間的な生活を実現できるのです。

みんな、お金が欲しいからパワハラ上司でもブラック企業でも我慢します。お金が欲しいから理不尽な仕事をこなし、ストレスを溜め込んで病気になり、家族に八つ当たりして家庭が崩壊します。お金が欲しいからボッタクリ商品を顧客に売りつけて、平気で振り込め詐欺を働きます。

このように、世の中の問題の多くは、お金が足りないことが発端です。そして、お金が足りない原因はただ1つ。人様から十分な量の「感謝の気持ち」をいただけていないから。

サラリーマンとして労働力を会社に売り渡しても、あり余るほどの感謝の気持ちをもらうことはできません。でも、妻社長メソッドを使えば、サラリーマンでも裕福になれます。

**経済的自由を得られるか否かは環境や能力によるものではありません。あなたの思いと行動の結果なのです。**だからもう、生まれや育ちや過去のことを言い訳にすることをやめにしませんか？　サラリーマンであることを言い訳にすることもやめにしましょう。


さて、「プロローグ」でもお話ししましたが、あなたをサポートするツールとして、「種銭ワークシート」と「夢実現シート」を用意しました。

公式サイトからもファイルをダウンロードできます。おすすめの会計本・節税本・大家本のリストも巻末に載せましたし、今後も公式サイト上で更新し続ける予定です。

そしてさらに、最初の半歩を踏み出す仕組みを提供することもお約束します。

具体的には、読者専用のグループ「とにかく妻を社長にしなさい」をフェイスブックに開設しています。まずはそこで、あなたも行動開始を宣言してください。種銭を貯め始める宣言、プライベートカンパニーを作る宣言、家族を巻き込む宣言、どんな宣言でもかまいません。宣言すると、あなたの脳が潜在意識を使って活動を開始するので、実現する確率が数百倍に跳ね上がるでしょう。

私からのお約束をもう1つ。100万人を裕福にすることを、私はミッションに掲げています。だから今後は、セミナーにも積極的に取り組んで、微力ですがお役に立ちたいと願っています。そのとき、半歩を踏み出したあなたと再会できることを楽しみにしています。

2015年5月

著者

（代表社員）
第8条　当会社の代表社員は、各自会社を代表する。

第4章　社員の加入及び退社

（社員の加入）
第9条　新たに社員を加入させる場合は、総社員の同意によって、定款を変更しなければならない。

（任意退社）
第10条　各社員は、事業年度の終了の時において退社をすることができる。この場合においては、各社員は、2ヶ月前までに会社に退社の予告をしなければならない。
2　前項の規定にかかわらず、各社員は、やむを得ない事情があるときは、いつでも退社することができる。

（法定退社及びその特則）
第11条　各社員は、会社法第607条の規定により、退社する。
2　前項の規定にかかわらず、社員が死亡した場合又は合併により消滅した場合における、当該社員の相続人その他の一般承継人が、当該社員の持分を承継することとする。

第5章　計　　算

（事業年度）
第12条　当会社の事業年度は、毎年○月1日から翌年□月末日までの年1期とする。

（損益の分配）
第13条　当会社の事業に関する損益は、毎事業年度末日現在の社員に分配する。

（分配の割合）
第14条　各社員への利益の配当に関する事項は、代表社員がこれを定める。

第6章　附　　則

（最初の営業年度）
第15条　当会社の最初の営業年度は、当会社成立の日から平成△年□月末日までとする。

（定款に定めのない事項）
第16条　この定款に規定のない事項は、すべて会社法その他の法令に従う。

以上、合同会社JINカンパニーを設立するため、電磁的記録でこの定款を作成し、社員が次に記名、電子署名する。

平成○年　□　月　△　日

社員　　坂下　さくら　　印

# 定　款

## 第1章　総　　則

(商号)
第1条　当会社は、合同会社 JIN カンパニーと称する。

(目的)
第2条　当会社は、次の事業を営むことを目的とする。
1．不動産の賃貸及び管理運営業務
2．資産運用及び不動産に関するコンサルティング業務
3．インターネットによる通信販売及び情報提供サービス
4．インターネットのホームページ企画、制作並びに運営管理
5．出版等に関する業務
6．前各号に付帯する一切の業務

(本店の所在地)
第3条　当会社は、本店を東京都渋谷区に置く。

(公告の方法)
第4条　当会社の公告は、電子公告により行うものとする。ただし、事故その他やむを得ない事由によって電子公告による公告をすることができない場合、官報に掲載する方法により行うものとする。

## 第2章　社員及び出資

(社員の住所氏名及び出資口数)
第5条　社員の住所氏名及び出資の価額は次のとおりである。
　　金200万円　　東京都渋谷区代々木○－△－□
　　　　　　　　　　　　有限責任社員　　坂下　さくら

(社員の責任)
第6条　当会社の社員は、その全部を有限責任社員とする。

## 第3章　業務執行権及び代表権

(業務執行)
第7条　当会社の業務は、業務執行社員が執行するものとし、総社員の同意により、社員の中からこれを選任する。
2　業務執行は業務執行社員の過半数をもって決定する。
3　前項の規定にかかわらず、会社の常務は、業務執行社員が単独でこれを行うことができる。ただし、その完了前に、他の業務執行社員が異議を述べた場合は、この限りではない。

税務署受付印

# 法人設立届出書

| ※整理番号 | |
|---|---|

| | | |
|---|---|---|
| 平成27年7月1日<br><br>渋谷税務署長殿<br><br>新たに内国法人を設立したので届け出ます。 | （フリガナ） | ゴウドウガイシャ　ジンカンパニー |
| | 法人名 | 合同会社ＪＩＮカンパニー |
| | 本店又は主たる事務所の所在地 | 〒151-0053<br>東京都渋谷区代々木○-△-□<br>電話（ 03 ）1234 －5678 |
| | 納税地 | 〒<br>同上 |
| | （フリガナ） | サカシタ　サクラ |
| | 代表者氏名 | 坂下　さくら　㊞ |
| | 代表者住所 | 〒<br>同上<br>電話（　）　－ |

| | | | |
|---|---|---|---|
| 設立年月日 | 平成27年6月1日 | 事業年度 | (自) 6月1日 (至) 5月31日 |
| 資本金又は出資金の額 | 2,000,000円 | 消費税の新設法人に該当することとなった事業年度開始の日 | 平成　年　月　日 |

| 事業の目的 | | 支店・出張所・工場等 | 名称 | 所在地 |
|---|---|---|---|---|
| | (定款に記載しているもの)<br>不動産賃貸業<br><br>(現に営んでいる又は営む予定のもの)<br>同上 | | | |

設立の形態
1 個人企業を法人組織とした法人である場合
2 合併により設立した法人である場合
3 新設分割により設立した法人である場合（□分割型・□分社型・□その他）
4 現物出資により設立した法人である場合
(5) その他（　　　　）

| 設立の形態が1～4である場合の設立前の個人企業、合併により消滅した法人、分割法人又は出資者の状況 | 事業主の氏名、合併により消滅した法人の名称、分割法人の名称又は出資者の氏名、名称 | 納税地 | 事業内容等 |
|---|---|---|---|
| | | | |
| | | | |

| | | |
|---|---|---|
| 設立の形態が2～4である場合の適格区分 | 適格・その他 | |
| 事業開始（見込み）年月日 | 平成27年　6月　1日 | |
| 「給与支払事務所等の開設届出書」提出の有無 | (有)　・　無 | |
| 関与税理士　氏名 | | |
| 関与税理士　事務所所在地 | 電話（　）　－ | |

添付書類等
(1)定款等の写し
(2)登記事項証明書（履歴事項全部証明書）、登記簿謄本又はオンライン登記情報提供制度利用
（照会番号：　　　　）
（発行年月日：年月日）
(3)株主等の名簿
4設立趣意書
(5)設立時の貸借対照表
6合併契約書の写し
7分割計画書の写し
8その他（　　　　）

| 設立した法人が連結子法人である場合 | | | |
|---|---|---|---|
| | 連結親法人名 | | |
| | 連結親法人の納税地 | 〒<br>電話（　）　－ | 所轄税務署 |
| | 「完全支配関係を有することとなった旨等を記載した書類」の提出年月日 | 連結親法人　年　月　日 | 連結子法人　年　月　日 |

| | |
|---|---|
| 税理士署名押印 | ㊞ |

| ※税務署処理欄 | 部門 | | 決算期 | | 業種番号 | | 入力 | | 名簿 | | 通信日付印 | 年　月　日 | 確認印 | |
|---|---|---|---|---|---|---|---|---|---|---|---|---|---|---|

（法1201）

受付印

# 法人設立・設置届出書

| ※整理番号 | |
|---|---|

平成27年7月1日

渋谷 都税事務所長・支庁長 殿

新たに内国法人を 設立・設置 したので届け出ます。

| | |
|---|---|
| (フリガナ) | ゴウドウガイシャ　ジンカンパニー |
| 法人名 | 合同会社ＪＩＮカンパニー |
| (フリガナ) | トウキョウト　シブヤク　ヨヨギ |
| 本店又は主たる事務所の所在地 | 〒151-0053<br>東京都渋谷区代々木○-△-□<br>電話 (03) 1234 －5678 |
| 納税地 | 〒<br>同上<br>電話 (　) － |
| (フリガナ) | サカシタ　サクラ |
| 代表者氏名 | 坂下　さくら　㊞ |
| 代表者連絡先 | (記載不要)<br>電話 (　) － |
| (フリガナ)<br>送付先・連絡先 ☑本店所在地 □代表者住所 □その他 | 〒　ビル名等<br>同上<br>電話 (　) － |

| | | | |
|---|---|---|---|
| 設立/設置年月日 | 平成27年6月1日 | 事業年度 | (自) 6月1日 (至) 5月31日 |
| 資本金又は出資金の額 | 2,000,000円 | 地方税の申告期限の延長の処分(承認)の有無 | 事業税 有・無 ..の事業年度から　月間<br>住民税 有・無 ..の事業年度から　月間 |
| 資本金等の額 | 2,000,000円 | (記載不要) | |

| 事業の目的 | |
|---|---|
| | (記載不要)<br>最下段の事業種目欄にチェックをしてください。 |

| | | | |
|---|---|---|---|
| 従業者総数 | 1人 | 市内従業者数 | 1人 |

| 支店・出張所・工場等 名称 | 所在地 | 設置年月日 |
|---|---|---|
| | 電話 (　) － | ・・ |
| | 電話 (　) － | ・・ |
| | 電話 (　) － | ・・ |

| 設立の形態 | |
|---|---|
| | 1 個人企業を法人組織とした法人　2 合併により設立した法人である場合<br>3 新設分割により設立した法人 (□分割型・□分社型・□その他)<br>4 現物出資により設立した法人　⑤ その他 (　) |

| 設立の形態が1～4である場合の設立前の個人企業、合併により消滅した法人、分割法人又は出資者の状況 | 事業主の氏名、合併により消滅した法人の名称、分割法人の名称又は出資者の氏名、名称 | 納税地 | 事業内容等 |
|---|---|---|---|
| | | | |
| | | | |

| | |
|---|---|
| 設立の形態が2～4である場合の適格区分 | 適格・その他 |

(記載不要)

(記載不要)

届出内容に該当する□にチェックをしてください。
- □ 当該区市町村の事務所等が本店で複数の区市町村に事務所等をもつ法人
- □ 当該区市町村の事務所等が支店で複数の区市町村に事務所等をもつ法人
- ☑ 当該区市町村にのみ事務所等を有する法人

添付書類等

① 定款等の写し　② 登記事項証明書(履歴事項全部証明書)、登記簿謄本又はオンライン登記情報提供制度利用
3 合併契約書の写し　4 分割計画書の写し
5 その他(　)

| オンライン登記情報提供制度利用の場合 | 照会番号 | 発行年月日 |
|---|---|---|
| 国 | | 年　月　日 |
| 都 | | 年　月　日 |
| 市 | | 年　月　日 |

| 関与税理士 | 氏名 | | 事務所所在地 | 〒<br>電話 (　) － |
|---|---|---|---|---|

| 設立した法人が連結子法人である場合 | | | 「完全支配関係を有することとなった旨等を記載した書類」の提出年月日 | 連結親法人 | 連結子法人 |
|---|---|---|---|---|---|
| | 連結親法人名 | | | 年月日 | 年月日 |
| | 連結親法人の納税地 | 〒<br>電話 (　) － | | 所轄税務署 | 決算期 |

| 税理士署名押印 | ㊞ |
|---|---|

| | | | |
|---|---|---|---|
| 事業種目 | □製造業<br>☑その他　(具体的に 不動産賃貸 業) | 公益法人等である場合 | □収益事業を行う<br>□収益事業を行わない |
| 一般社団法人・一般財団法人である場合 | □非営利型法人<br>□普通法人 | ＊処理欄 | 管理票　入力　照合 |

# 法人設立・事務所等開設申告書

受付印

| | | | | |
|---|---|---|---|---|
| 平成 27 年 7 月 1 日<br>(あて先) 大 阪 市 長 | | ※処理 | 法人 | 事業所 / 個人 |
| 本店所在地 | 〒 123 − 4567<br>大阪市北区中之島 ○−△−□<br>電話番号 06 ( 1234 ) 5678 | 代表者 住所 | 〒 −<br>同左<br>電話番号 ( ) | |
| フリガナ | ｺﾞｳﾄﾞｳｶﾞｲｼｬ ｼﾞﾝｶﾝﾊﾟﾆｰ | フリガナ | ｻｶｼﾀ ｻｸﾗ | |
| 法人名 | 合同会社JINカンパニー | 氏名印 | 坂下 さくら | |
| フリガナ<br>個人事業の場合の事業主氏名 印 | | この申告に応答する者の氏名及び電話番号 | 同上<br>電話番号 ( ) | |

新たに 法人を設立 したので、大阪市市税条例第37条第7項及び第134条の17の規定に基づき申告します。

| | | | | |
|---|---|---|---|---|
| 法人設立年月日 ① | 平成 27 年 6 月 1 日 | 新たに開設する事務所等 | 所在地 | 〒 123 − 4567<br>大阪市北区中之島 ○−△−□<br>電話番号 06 ( 1234 ) 5678 |
| 事業種目 | 不動産賃貸業 | | | |
| 事業年度又は連結事業年度 ② | 6 月 1 日から 5 月 31 日まで / 月 日から 月 日まで | | 名称 | 合同会社 大阪JIN |
| 法人税の申告期限の延長の承認の有無 ③ | ○有 ( 箇月延長) ・ ◉ 無 | | 開設年月日 | 平成 27 年 6 月 1 日 |
| 法人税における連結納税の承認の有無 ④ | ○ 有(連結法人) ・ ◉ 無(連結法人以外の法人) | 大阪市内の主たる事務所等 | 所在地 | 〒 −<br>同上<br>電話番号 ( ) |
| 資本金の額又は出資金の額 ⑤ | 2,000,000 円 | | | |
| 資本金等の額又は連結個別資本金等の額 ⑥ | 2,000,000 円 | | 名称 | 同上 |
| 単独法人又は2以上の市町村に事務所等を有する法人の区分 ⑦ | 単独法人 | 給与取扱事務場所 | 所在地 | 〒 −<br>同上<br>電話番号 ( ) |
| 収益事業の有無 | ◉ 有 ・ ○ 無 | | 名称 | 同上 |
| 所轄税務署 | 北 税務署 | | | |
| 従業者数 | 総数 1 人 | 左のうち大阪市内の事務所等分 1 人 | 左のうち事務所等開設区内の事務所等分 | 1 人 |

| | | | | | |
|---|---|---|---|---|---|
| 新設事務所用家屋の所有者に係る事務所等 | 住所(法人にあっては、主たる事務所の所在地) | 〒 123 − 4567<br>大阪市北区中之島 □−△−○<br>電話番号 06 ( 9876 ) 5432 | 新設事務所等に係る事業所床面積 | 専用部分 | 20.00 ㎡ |
| | フリガナ | ｻﾝﾏｰｸﾌﾄﾞｳｻﾝ | | 共用部分 | 20.00 ㎡ |
| | 氏名(法人にあっては、その名称及び代表者の氏名) | サンマーク不動産 | | 計 | 40.00 ㎡ |
| 税理士氏名及び電話番号 | 電話番号 ( ) | | 本市内において事務所等を移転した場合の旧所在地 | 〒 − | |
| 備考 | | | 法人組織としたため個人の事業を廃止した日 | 平成 年 月 日 | |
| | | | 添付書類 | 1 登記事項証明書<br>2 定款、寄附行為、規則等の写し<br>3 株主、社員又は出資者の名簿 | ※法人番号<br>※決算期<br>※法人等番号<br>※家屋登録番号<br>※特別徴収義務者番号 |

**※市区町村に提出する法人設立届出書は市区町村によってフォーマットが異なります。また、東京23区では提出不要なので、ここでは大阪市用のフォーマットを使って見本を作成しています。**

税務署受付印

# 青色申告の承認申請書

| ※整理番号 | |
|---|---|

平成 27年 7月 1日

渋谷 税務署長殿

| | |
|---|---|
| (フリガナ) 法人名等 | ゴウドウガイシャ ジンカンパニー<br>合同会社 ＪＩＮカンパニー |
| 納税地 | 〒151-0053<br>東京都渋谷区代々木○-△-□<br>電話（ 03）1234－5678 |
| (フリガナ) 代表者氏名 | サカシタ サクラ<br>坂下 さくら ㊞ |
| 代表者住所 | 〒<br>同上 |
| 事業種目 | 不動産賃貸 業 |
| 資本金又は出資金額 | 2,000,000 円 |

自平成 27 年 6 月 1 日
至平成 28 年 5 月 31 日
事業年度から法人税の申告書を青色申告によって提出したいので申請します。

記

1 この申請書が次に該当するときには、それぞれ□にレ印を付すとともに該当の年月日を記載してください。

□ 青色申告書の提出の承認を取り消され、又は青色申告書による申告書の提出をやめる旨の届出書を提出した後に再び青色申告書の提出の承認を申請する場合には、その取消しの通知を受けた日又は取りやめの届出書を提出した日　平成 年 月 日

☑ この申請後、青色申告書を最初に提出しようとする事業年度が設立第一期等に該当する場合には、内国法人である普通法人又は協同組合等にあってはその設立の日、内国法人である公益法人等又は人格のない社団等にあっては新たに収益事業を開始した日、公益法人等(収益事業を行っていないものに限ります。)に該当していた普通法人又は協同組合等にあっては当該普通法人又は協同組合等に該当することとなった日　平成 27 年 6 月 1 日

□ この申請後、青色申告書を最初に提出しようとする事業年度が連結納税から離脱した(連結親法人による連結完全支配関係を有しなくなった)日を含む事業年度である場合には、その離脱した日　平成 年 月 日

□ 連結法人である内国法人が自己を分割法人とする分割型分割を行った場合には、分割型分割の日　平成 年 月 日

□ 内国法人が、法人税法第4条の5第2項第4号又は第5号(連結納税の承認の取消し)の規定により第4条の2(連結納税義務者)の承認を取り消された場合には、取り消された日　平成 年 月 日

□ 内国法人が、法人税法第4条の5第2項各号の規定により第4条の2の承認を取り消された場合は、取り消された日　平成 年 月 日

2 参考事項

(1) 帳簿組織の状況

| 伝票又は帳簿名 | 左の帳簿の形態 | 記帳の時期 | 伝票又は帳簿名 | 左の帳簿の形態 | 記帳の時期 |
|---|---|---|---|---|---|
| 現金出納帳 | 会計ソフト | 毎日 | | | |
| 仕訳帳 | 会計ソフト | 毎月 | | | |
| 総勘定元帳 | 会計ソフト | 随時 | | | |

(2) 特別な記帳方法の採用の有無
イ 伝票会計採用
ロ 電子計算機利用 (ロに丸印)

(3) 税理士が関与している場合におけるその関与度合

| 税理士署名押印 | ㊞ |
|---|---|

| ※税務署処理欄 | 部門 | | 決算期 | | 業種番号 | | 入力 | | 備考 | | 通信日付印 | 年 月 日 | 確認印 | |
|---|---|---|---|---|---|---|---|---|---|---|---|---|---|---|

24. 06改正　　(法1301)

# 減価償却資産の償却方法の届出書

| ※整理番号 | |
|---|---|
| ※連結グループ整理番号 | |

税務署受付印

平成　27年　7月　1日

渋谷　税務署長殿

| 提出法人 | | |
|---|---|---|
| ☑ 単体法人 □ 連結親法人 | （フリガナ） | ゴウドウガイシャ　ジンカンパニー |
| | 法人名 | 合同会社ＪＩＮカンパニー |
| | 納税地 | 〒151-0053<br>東京都渋谷区代々木○-△-□<br>電話（03）1234－5678 |
| | （フリガナ） | サカシタ　サクラ |
| | 代表者氏名 | 坂下　さくら　㊞ |
| | 代表者住所 | 〒<br>同上 |
| | 事業種目 | 不動産賃貸　業 |

| 連結子法人（届出の対象が連結子法人である場合に限り記載） | | |
|---|---|---|
| （フリガナ） | | |
| 法人名 | | |
| 本店又は主たる事務所の所在地 | 〒　（　局　署）<br>電話（　）　－ | |
| （フリガナ） | | |
| 代表者氏名 | | |
| 代表者住所 | 〒 | |
| 事業種目 | 業 | |

| ※税務署処理欄 | |
|---|---|
| 整理番号 | |
| 部門 | |
| 決算期 | |
| 業種番号 | |
| 整理簿 | |
| 回付先 | □ 親署 ⇒ 子署<br>□ 子署 ⇒ 調査課 |

減価償却資産の償却方法を下記のとおり届け出ます。

記

| 資産、設備の種類 | 償却方法 | 資産、設備の種類 | 償却方法 |
|---|---|---|---|
| 建物付属設備 | 定率法 | | |
| 構築物 | 定率法 | | |
| 船舶 | | | |
| 航空機 | | | |
| 車両及び運搬具 | 定率法 | | |
| 工具 | 定率法 | | |
| 器具及び備品 | 定率法 | | |
| 機械及び装置 | | | |
| （　）設備 | | | |
| （　）設備 | | | |

| 参考事項 | |
|---|---|
| | 1　新設法人等の場合には、設立等年月日　　平成　年　月　日<br>2　その他 |

| 税理士署名押印 | ㊞ |
|---|---|

| ※税務署処理欄 | 部門 | | 決算期 | | 業種番号 | | 整理簿 | | 備考 | | 通信日付印 | 年　月　日 | 確認印 | |
|---|---|---|---|---|---|---|---|---|---|---|---|---|---|---|

| ※整理番号 | |
|---|---|

税務署受付印

# 給与支払事務所等の開設・移転・廃止届出書

平成 27年 7月 1日

渋谷 税務署長殿

所得税法第230条の規定により次のとおり届け出ます。

| 事務所開設者 | | |
|---|---|---|
| | (フリガナ) | ゴウドウガイシャ ジンカンパニー |
| | 氏名又は名称 | 合同会社 JINカンパニー |
| | 住所又は本店所在地 | 〒151-0053<br>東京都渋谷区代々木○-△-□<br>電話 (03) 1234－5678 |
| | (フリガナ) | サカシタ サクラ |
| | 代表者氏名 | 坂下 さくら ㊞ |

(注) 「住所又は本店所在地」欄については、個人の方については申告所得税の納税地、法人については本店所在地を記載してください。

| 開設・移転・廃止年月日 | 平成 27年 6月 1日 | 給与支払を開始する年月日 | 平成 27年 6月 25日 |
|---|---|---|---|

○届出の内容及び理由

(該当する事項のチェック欄□に✓印を付してください。)

| | | 「給与支払事務所等について」欄の記載事項 開設・異動前 | 異動後 |
|---|---|---|---|
| 開設 | ✓開業又は法人の設立 | | |
| | □上記以外<br>※本店所在地等とは別の所在地に支店等を開設した場合 | 開設した支店等の所在地 | |
| 移転 | □所在地の移転 | 移転前の所在地 | 移転後の所在地 |
| | □既存の給与支払事務所等への引継ぎ<br>(理由) □法人の合併 □法人の分割 □支店等の閉鎖<br>□その他( ) | 引継ぎをする前の給与支払事務所等 | 引継先の給与支払事務所等 |
| 廃止 | □廃業又は清算結了 □休業 | | |
| その他 | ( ) | 異動前の事項 | 異動後の事項 |

○給与支払事務所等について

| | 開設・異動前 | 異動後 |
|---|---|---|
| (フリガナ) | | |
| 氏名又は名称 | | |
| 住所又は所在地 | 〒<br>電話( ) － | 〒<br>電話( ) － |
| (フリガナ) | | |
| 責任者氏名 | | |

| 従事員数 | 役員 1人 | 従業員 人 | ( ) 人 | ( ) 人 | ( ) 人 | 計 人 |
|---|---|---|---|---|---|---|

(その他参考事項)

| 税理士署名押印 | ㊞ |
|---|---|

| ※税務署処理欄 | 部門 | | 決算期 | | 業種番号 | | 入力 | | 名簿等 | | 用紙交付 | | 通信日付印 | 年 月 日 | 確認印 | |
|---|---|---|---|---|---|---|---|---|---|---|---|---|---|---|---|---|

(源0301)

# 源泉所得税の納期の特例の承認に関する申請書

税務署受付印

| ※整理番号 | |
|---|---|

| | | |
|---|---|---|
| 平成27年　7月　1日<br><br>渋谷税務署長殿 | （フリガナ）<br>氏名又は名称 | ｺﾞｳﾄﾞｳｶﾞｲｼｬ　ジンカンパニー<br>合同会社ＪＩＮカンパニー |
| | 住所又は本店の所在地 | 〒151-0053<br>東京都渋谷区代々木○-△-□<br>電話　03－1234－5678 |
| | （フリガナ）<br>代表者氏名 | サカシタ　サクラ<br>坂下　さくら　㊞ |

次の給与支払事務所等につき、所得税法第216条の規定による源泉所得税の納期の特例についての承認を申請します。

| 給与支払事務所等に関する事項 | | | | |
|---|---|---|---|---|
| | 給与支払事務所等の所在地<br>※　申請者の住所（居所）又は本店（主たる事務所）の所在地と給与支払事務所等の所在地とが異なる場合に記載してください。 | 〒<br>電話　－　－ | | |
| | 申請の日前6か月間の各月末の給与の支払を受ける者の人員及び各月の支給金額<br>［外書は、臨時雇用者に係るもの］ | 月区分 | 支給人員 | 支給額 |
| | | 27年　6月 | 外<br>0人 | 外<br>0円 |
| | | 年　月 | 外<br>人 | 外<br>円 |
| | | 年　月 | 外<br>人 | 外<br>円 |
| | | 年　月 | 外<br>人 | 外<br>円 |
| | | 年　月 | 外<br>人 | 外<br>円 |
| | | 年　月 | 外<br>人 | 外<br>円 |
| | 1　現に国税の滞納があり又は最近において著しい納付遅延の事実がある場合で、それがやむを得ない理由によるものであるときは、その理由の詳細<br>2　申請の日前1年以内に納期の特例の承認を取り消されたことがある場合には、その年月日 | | | |

| 税理士署名押印 | ㊞ |
|---|---|

| ※税務署処理欄 | 部門 | | 決算期 | | 業種番号 | | 入力 | | 名簿 | | 通信日付印 | 年月日 | 確認印 | |
|---|---|---|---|---|---|---|---|---|---|---|---|---|---|---|

（源1401－1）

| | | | |
|---|---|---|---|
| 開業時諸費用 | 300 | 0 | 0 |
| 固定資産税・都市計画税 | 174 | 174 | 174 |
| 火災保険料 | 15 | 15 | 15 |
| 管理費 | 150 | 151 | 151 |
| 修繕費 | 200 | 200 | 200 |
| ローン返済利息 | 346 | 307 | 269 |
| 支出小計（B） | 1,185 | 847 | 809 |
| 減価償却費（C） | 793 | 793 | 793 |
| 経費合計（D＝B＋C） | 1,978 | 1,640 | 1,602 |
| ローン返済元金（E） | 1,800 | 1,800 | 1,800 |
| 利益（A－D） | 1,022 | 2,860 | 4,398 |
| 現金収支（A－B－E） | 15 | 1,853 | 3,391 |

## 6. 近隣賃貸物件との差別化戦略について

従来の賃貸不動産経営は、好立地にて箱モノを提供するだけのサービスにとどまっていた。

しかし、（同）JIN カンパニー　による賃貸不動産経営は、従来型の不動産経営から脱却し、より快適な住空間を提供できるよう、ソフト面での差別化を図っていくもの。現時点で導入を予定している差別化戦略は次の通り。

(1) IT 装備の充実

インターネット環境が標準装備となる中で、更に一歩先を行く IT 環境を提供する。具体的には、敷地内に ADSL による無線 LAN 設備を構築。アパート居住者が自由に高速無線 LAN を利用できる環境を無料で提供する。

(2) 空室率の極小化

入居者が退去した際の、新規入居者募集については、賃貸不動産仲介業者に依存しているのが一般的である。しかし、本物件については、仲介業者を活用しつつも、独自に新規入居者を確保する仕組みを構築し、業者と当社の複数のルートにて常に入居率を 100% とできるように工夫する。具体的には、インターネット上で地域に特化した情報提供サイトを開設し、そこから本物件の案内サイトへ誘導するリンクを張ることで、当物件のプレゼンスを高める計画。

## 7. 担保評価参考値

(1) 公的評価参考値ほか　（添付資料ご参照）

①H26 年度固定資産税評価額(土地)　¥9,000,000
（建物）　¥9,000,000
合計　¥18,000,000

②路線価　㎡単価＝ 63,000　¥12,600,000　（H26 年度）

③近隣基準地価格　㎡単価＝ 78,000　¥15,600,000　（H26 年度）
基準地：「緑区港南町 1 － 2」

④直近の取引事例　㎡単価＝ 80,000　¥16,000,000　（H26 年度）

(2) 大手不動産会社「サンマーク興産」による評価額

①満室運営可能な家賃年額　¥6,000,000　（別添資料ご参照）

②収益還元法による評価　¥40,000,000.0　（想定還元利回り 15%）

## 8. 代表社員の資産状況について

(1) 勤務先　専業主婦

(2) 年収　なし

(3) 保有資産額　300 万円　（預金通帳コピーご参照）

(4) 借入状況　なし

# 合同会社　JIN カンパニー　事業計画書

## 1. 創業の動機

(1) 良質な賃貸不動産を提供することを通じて、地方経済の活性化に貢献する。
(2) 啓蒙活動を通じて、個人及び零細企業のファイナンシャル・リテラシー向上と豊かな国民生活実現に貢献する。
(3) 求人倍率が低迷する地方経済圏における雇用を促進し、微力ながら地域社会の活性化に役立てる。
(4) 女性が率先して地域社会に貢献し、かつ地方の雇用を創出する事業を展開することにより、女性の社会的地位の向上をめざす。
(5) 来るべき高齢化社会を見据え、公的年金に頼らず自助努力にて経済基盤を整えることを実践し、社会に対して良き模範を示す。

## 2. 設立経緯・事業内容について

良質な賃貸不動産の提供と、個人及び中小零細企業のファイナンシャル・リテラシー向上の啓蒙活動を目的として、合同会社　JIN カンパニー　を設立・開業（平成 27 年 6 月 1 日)。

代表社員である坂下さくらは、平成 10 年 4 月に○△商事に入社。輸入業務を中心に幅広いマネジメントスキルを学んだ後に、マンション管理実務に携わり不動産ノウハウを蓄積。このような知識と経験を活かして不動産賃貸事業を展開すべく当社代表社員に就任。

## 3. 本件事業の計画について

(1) 資金使途

事業基盤である賃貸アパートの取得資金（取得価格 1,980 万円)。

(2) 取得物件

| | | | |
|---|---|---|---|
| ①土地 | 住所 | 舞浜市緑区港南町 1 − 2 − 3 |
| | 地積 | 200.00㎡ |
| | 公法上の規制 | 準住居地域（建ぺい率 60%、容積率 300%) |
| | 接道状況 | 東側 10m 公道に 10m 接道 |
| ②建物 | 所在地 | 同上　　（家屋番号 1 番 1) |
| | 延床面積 | 240.00㎡ |
| | 構造 | 木造亜鉛メッキ鋼板葺 2 階建 |
| | 戸数 | 1K（ロフト付）× 12 戸 |
| | 築年月日 | 平成 12 年 7 月 31 日（築 15 年) |

(3) 事業概要

本案件は、すでに入居済のアパートを居抜きにて取得するもの。現在 12 室中 6 室入居中（空室率 50%)。

## 4. 資金計画

（単位：千円)

| 支出 | 金額 | 資金調達先 | 金額 | 調達比率 |
|---|---|---|---|---|
| 売買価格 | 19,800 | 銀行借入 | 18,000 | 84.9% |
| 仲介手数料 | 600 | | | |
| 不動産取得税 | 400 | | | |
| 保存登記料 | 200 | | | |
| 抵当権設定料 | 80 | | | |
| 司法書士報酬 | 50 | | | |
| 諸経費 | 70 | 自己資金（社員借入を含む) | 3,200 | 15.1% |
| 合計 | 21,200 | 合計 | 21,200 | 100.0% |

## 5. 収支予測

（単位：千円)

| 項目 | 初年度 | 2 年目 | 3 年目 |
|---|---|---|---|
| 家賃収入小計（A) | 3,000 | 4,500 | 6,000 |

| [ 第1章 ] | [ 第2章 ] | [ 第3章 ] | [ 第4章 ] | [ エピローグ ] |
| --- | --- | --- | --- | --- |
| 2016 年 | 2017〜2018年 | 2019〜2021年 | 2022〜2025年 | ハッピーエンド |
| 1 年後 | 2 〜 3 年後 | 4 〜 6 年後 | 7 〜 10 年後 | 未来の具体的な姿 |
| セミナー<br>活動本格化 | コンサル<br>ティング<br>本格化 | 学校や<br>コミュニティー<br>で指導 | 変革の輪を拡大 | 100万人を<br>裕福にする |
| 学ぶ仲間を<br>増やす | 大規模講演会に<br>出講 | 後進を育成 | 後進が<br>学びを<br>広め続ける | お金の秘密が<br>全世界に広まる |
| 毎日30分歩く。<br>野菜・発酵食品<br>・水・良質蛋白。 | ➡ | ➡ | ➡ | 100歳でも<br>健康を維持 |
| 北米・中米旅行 | 北欧・南欧旅行 | 海外移住 | 海外生活を堪能 | 好きな場所で心ゆく<br>まで家族と楽しむ |
| 世帯年収<br>7,000万円 | 世帯年収1億円 | 世帯年収2億円 | 世帯年収3億円 | 何でもできる<br>経済的自由<br>➡世帯年収10億円 |

# 夢実現シート

**★夢実現ストーリーのタイトル**

**お金の秘密を世の中に紹介して感謝の気持ち（お金）を増やすストーリー**

お金のソムリエ
主人公　坂下仁

**★特技・趣味で人様にどう貢献するか**

どん底で悟ったお金の本質をみなさんに紹介し、100 万人が裕福で幸せになれるように貢献する。

**★家族をどう幸せにするか**

家族が精神的にも経済的にも自立できるように、その成長を願って応援する。

**★夢が実現する未来ストーリー**

私は会社員という制約の中でお金の啓蒙活動を十分に行えず、理想と現実のギャップに悩んでいた。

あるとき「過去に囚われず、思い通りに自分の人生を描いてもよい」ことに気づく。

そこで、100 万人を裕福にする計画を実践してみたら、多くの人が裕福になるお手伝いができた。

その大胆な着想から、お金の世界のコペルニクスと称されるようになる。

結果的に私の家族も究極の自由を手に入れることができた。

**夢実現ストーリーの目次**　[ プロローグ ]

西暦　2015　年

| ミッション・ステートメント | | 決別するいま |
|---|---|---|
| 社会貢献 | 100 万人を裕福にする | 会社員という足かせ |
| 学び成長 | お金の秘密を徹底解明する | 探求途上 |
| 健康 | 150 歳まで生きる | ストレスが多く運動も不十分 |
| 家族 | 家族が幸せを感じ続けられる | 家族サービスが不十分 |
| お金 | 究極の経済的自由を実現する | 悠々自適な経済的自由 |

# おすすめの本

以下の一覧表は、実際に私が読んでみて「おもしろくて参考になる」と思った本の一部を抜粋したものです。税制や不動産市況については毎年変化していますので、できるだけ発行年の新しい本を探してください。

【第1章関連】

貯蓄……『サラリーマンのためのお金サバイバル術』岡本吏郎
自己啓発……『金持ちになる男、貧乏になる男』スティーブ・シーボルド
自己啓発……『となりの億万長者』トマス・J・スタンリー、ウィリアム・D・ダンコ
貯蓄……『1億円貯める人のお金の習慣』藤川 太
自己啓発……『スイス人銀行家の教え』本田 健
貯蓄……『「投資バカ」につける薬』山崎 元
貯蓄……『年収200万円からの貯金生活宣言 正しいお金の使い方編』横山光昭

## 【第2章関連】

相続……『相続財産は法人化で残しなさい』阿藤芳明

会計……『会計のことが面白いほどわかる本 会計の基本の基本編』天野敦之

経済……『サヨナラ！ 操作された「お金と民主主義」なるほど！「マネーの構造」がよーく分かった』天野統康

会計……『会計のルールはこの3つしかない』石川淳一、松本武洋

税金……『あらゆる領収書は経費で落とせる』大村大次郎

税金……『会社にお金が残らない本当の理由』岡本吏郎

経済……『略奪大国』ジェームス・スキナー

税金……『小さな会社の節税アイデア160』高橋敏則

税金……『貧乏はお金持ち』橘 玲

経済……『経済大国なのになぜ貧しいのか？』苫米地英人

人生訓……『大きなケーキは人にゆずろう』バーバラ・コーコラン

経済……『伝説の教授に学べ！ 本当の経済学がわかる本』浜田宏一、若田部昌澄、勝間和代

会計……『騙されない会計』林 總

会計……『ドラッカーと会計の話をしよう』林 總

経済……『グローバル経済に殺される韓国 打ち勝つ日本』三橋貴明

経済……『日本人はなぜ貧乏になったか？』村上尚己

【第3章関連】

副業……『好き⇕お金 ネットで「やりたいこと」を「お金」に変える方法』朝倉真弓
不動産……『底辺から年収1000万超の不動産投資術』石原博光
不動産……『アパ・マン137室入居率97・4%の満室経営バイブル』今田信宏
駐車場賃貸……『コインパーキングで年1200万円儲ける方法』上原ちづる
不動産……『インディペンデント・サラリーマン入門』加藤 隆
不動産……『「年収500万円以上」の人が豊かなまま早期リタイアを果たす実践マニュアル』佐藤一彦
不動産……『空室率70%でもキャッシュが回る非常識な不動産投資術』椙田拓也
不動産……『満室チームで大成功! 全国どこでもアパート経営』寺尾恵介
不動産……『死ぬまでお金に困らない財布を30代で手に入れる方法』中島健一
戸建賃貸……『パート主婦、〝戸建て大家さん〟はじめました!』舛添菜穂子
不動産……『あと5年で会社を辞めて豊かに暮らす仕組みのつくり方』山田里志

## 【第4章関連】

自己啓発……『自分の小さな「箱」から脱出する方法』アービンジャー・インスティチュート
心理学……『共感する女脳、システム化する男脳』サイモン・バロン＝コーエン
人生訓……『富豪塾』佐藤富雄
自己啓発……『お金の科学』ジェームス・スキナー
人生訓……『バビロンの大富豪』ジョージ・S・クレイソン
自己啓発……『思考は現実化する』ナポレオン・ヒル
自己啓発……『かもの法則』西田文郎
自己啓発……『自分を超える法』ピーター・セージ
ビジネス……『起業家・個人事業主のための絶対に選ばれる！「ビジネス・プロフィール」のつくり方』福田剛大
ビジネス……『お客様が不思議とファンに変わる！女子脳営業術』舛岡美寿子
文芸……『モリー先生との火曜日』ミッチ・アルボム

税制は通達次第で変化します。
また、税務署によっても対応が異なる場合があるので、
その都度、確認することをおすすめいたします。

**坂下 仁**（さかした・じん）

現役銀行員。お金のソムリエ。
二十数年にわたり、大手銀行の行員として数百におよぶ企業や個人へのコンサルティング・財務指導・融資を手がけ、数多くの企業・個人の成功例や破綻事例を目の当たりにしてきた。しかし、自らの金融知識を過信したために株取引で莫大な借金を抱え、親の年金で自宅のローンを支払い、フリーマーケットで買った300円の衣服で生活しなければならないほど追い込まれる。その後、破産寸前で「お金の本質」に気づき、5年で借金を全額返済。同時に、数千万円のキャッシュフローと数億円の資産を手に入れた。
現在、北は北海道、南は九州、東はアメリカまで、妻のプライベートカンパニーにて保有する資産はテナントビルやロードサイド型店舗・倉庫・一棟マンションなど多岐にわたり、社会に貢献しながら安定した収益を維持している。また、「お金のソムリエ」として東証一部上場企業グループをはじめとするさまざまな企業や団体での講演活動、ラジオや雑誌などのメディア出演を通じてお金の啓蒙活動を行っている。著書に『いますぐ妻を社長にしなさい』（小社）がある。

公式サイト　http://moneysommelier.com
※公式サイトでは、プレゼント情報やセミナー案内をはじめとして、あなたとご家族が裕福になるための情報をお届けしています。

# とにかく妻を社長にしなさい

2015年6月10日　初版発行
2015年7月15日　第3刷発行

著　者　坂下 仁

発行人　植木宣隆

発行所　株式会社サンマーク出版
東京都新宿区高田馬場 2-16-11
（電）03-5272-3166

印　刷　中央精版印刷株式会社

製　本　村上製本所

定価はカバー、帯に表示してあります。落丁、乱丁本はお取り替えいたします。

ISBN978-4-7631-3469-1　C0030
ホームページ　http://www.sunmark.co.jp
携帯サイト　http://www.sunmark.jp